TERESA A TRAVÉS DE SUS OBRAS

Colección MENSAJEROS

1. *El alma de Benedicto XVI.* ENRIQUE SAN MARTÍN
2. *San Francisco de Sales: Maestro y guía espiritual.* EUGENIO ALBURQUERQUE
3. *Pensamientos de santa Teresa de Jesús.* LONGINOS SOLANA (recopilador)
4. *Teresa a través de sus obras.* JESÚS MANUEL GARCÍA

JESÚS MANUEL GARCÍA GUTIÉRREZ

TERESA A TRAVÉS DE SUS OBRAS

EDITORIAL CCS

Página web de EDITORIAL CCS: www.editorialccs.com

Diagramación editorial: Alberto Díez
Diseño de portada: Olga R. Gambarte
Fotografía de portada: Concepción Hernanz
ISBN: 978-84-9023-241-5
Depósito legal: M-391-2015
Fotocomposición: AHF, Becerril de la Sierra (Madrid)
Imprime: Producciones Digitales Pulmen S.L.L.

INTRODUCCIÓN

El V Centenario del nacimiento de santa Teresa de Jesús (2015), por un lado, el renovado interés por los místicos, así como el retorno a las fuentes que se está produciendo en el ámbito de la espiritualidad, por otro, me sirven de marco para ofrecer este sencillo trabajo sobre la vida de Teresa de Jesús a partir de sus obras.

La «cultura mediática» intenta colonizar —sirva la expresión— el espacio existencial del hombre contemporáneo, generando una especie de mecanismo que tiende a asimilarnos al *establishment* impuesto por el sistema o por las modas del mercado. No son pocos los que, indignados, muestran su rabia, pero sin vislumbrar una posible solución a los problemas concretos de las personas. Con este telón de fondo, resulta claro que no bastan los programas políticos, por bien articulados que estén, para defender las condiciones de una vida «más humana»; necesitamos modelos de vida, personas creíbles que encarnen los valores en los que dicen creer, que asuman el riesgo de no ser entendidos, de tener que caminar contracorriente porque su mensaje supone una alternativa y hasta una transgresión de las leyes, no escritas, del sistema dominante.

Evitando cualquier posible y fácil instrumentalización, la figura de Teresa aparece, en su tiempo y en el nuestro, como una figura reformadora, subversiva y batalladora: «mujer agitadora» de «espíritus acomodados» y desestabilizadora de instituciones religiosas y civiles;

«monja complicada» y fascinante, visionaria y fundadora que no se atiene a la clausura estricta y tiene la insólita pretensión de enseñar «sin letras» a los teólogos de su época; en fin, una monja mística, que transformada por el Amor, vive su existencia «descentrada» porque es Otro quien guía sus actos. Teresa, en definitiva, sigue siendo una *leader* carismática, dotada de espíritu profético, capaz de conjugar las «cumbres» de la contemplación de los misterios divinos con el servicio y la humanización de las condiciones habituales de las gentes de su tiempo y de nuestro tiempo; lo «sagrado» con lo «profano»; los «pucheros» y las conversaciones con los «serafines».

La madre Teresa de Jesús ha logrado comunicarnos en sus obras la unidad de la vida contemplativa y apostólica: con igual fuerza afirma que la oración es apostólica cuando se abre al amor, y que el trabajo apostólico es santificante cuando ayuda a la contemplación y a la unión con Dios. Teresa, «fémina inquieta y andariega», conjuga armónicamente la experiencia espiritual mística con el axioma fundamental de su vida espiritual: el amor a Dios —vivido en la oración—, si es auténtico, se convierte en amor al prójimo; lo mismo que el amor desinteresado hacia los demás aumenta misteriosamente el amor hacia Dios y nos conduce a la unión con Él.

Teresa, «mujer ruin» pero visitada por un torrente de gracia que la convierte en amiga íntima de su Majestad, nos recuerda también la necesidad que tiene el hombre contemporáneo de dar autenticidad a su vida. Su lección —fruto de una experiencia vivida personalmente, comprendida y comunicada— es bien clara: el «trato de amistad con Dios» ayuda a descubrir «quiénes somos», nos refuerza el gozo de vivir la «libertad» que

Dios concede a sus hijos y nos impulsa a comprometernos con determinación en la construcción del Reino, conscientes de que «¡Sólo Dios basta!».

Por estas razones, y en pleno apogeo de la cultura tecnológica, Teresa de Cepeda y Ahumada, nuestra Teresa de Jesús o, como se prefiere en estos últimos años, Teresa de Ávila —fundadora de los monasterios de monjas y frailes Carmelitas Descalzos de la primera regla—, retorna a las páginas de indiscutible actualidad invitándonos a crear una atmósfera propicia para la escucha del silencio interior y descubrir el gozo de la contemplación.

¿Pará que escribir un *libro* más sobre Teresa, tras la cascada de publicaciones pasadas y, sobre todo, por venir? He intentado «darme una respuesta», antes de sucumbir a la tentación de abandonar la empresa.

A través de la presente obra, conjugando la sencillez del escrito con la seriedad documental, pretendo dar a conocer la vida y las obras de Teresa a personas que quizá no estén familiarizadas con la literatura religiosa-espiritual, y tanto menos con la mística. Más que narrar su vida —sería difícil añadir una biografía nueva a las ya existentes— me serviré de estas páginas para intentar contagiar el deseo de leer las obras mayores de Teresa: el modo mejor de seguir la vida y la evolución espiritual de Teresa reside y se encuentra, sin duda, en sus obras, que poseen un evidente carácter autobiográfico.

Las indicaciones que ofrezco en los breves capítulos del libro se sitúan en línea de continuidad con la reflexión crítica de un amigo y gran experto de la Santa, el padre carmelita Jesús Castellano Cervera (†2006), y van destinadas a introducir al lector en el mundo cultural y religioso de Teresa para conocer la vivencia extraordinaria de una mujer «no letrada», pero sí sapiente, perspicaz e intuitiva, capaz de vivir desde «el más profundo centro» la experiencia unitiva del Amor.

Dadas las características propias de la colección, me limito a la presentación del tríptico de sus obras mayores: *Vida, Camino de perfección, Castillo interior.* Por lo demás, los tres capítulos finales analizan el núcleo central del mensaje teresiano: la oración como trato de amistad, la pedagogía de la oración y un itinerario de vida cristiana, siguiendo las *Mansiones* del *Castillo interior.*

¡Que el acercamiento a los escritos de Teresa contribuya a mejorar nuestra existencia, empezando por amar la vida, desde la renovada conciencia de saber para qué existimos!

SIGLAS DE LAS OBRAS DE SANTA TERESA CITADAS EN EL LIBRO

CC	*Cuentas de conciencia.*
CV	*Camino de perfección,* autógrafo de Valladolid.
E	*Exclamaciones.*
F	*Fundaciones.*
M	*Moradas* (*1 M* 2,3 = primeras moradas, capítulo segundo, punto tercero).
MC	*Meditaciones sobre los Cantares.*
P	*Poesías.*
V	*Libro de la Vida.*

Capítulo primero

TERESA Y SU ENTORNO

El 27 de septiembre de 1970, Pablo VI proclamó a Teresa como primera mujer Doctor de la Iglesia, reconociendo así el valor universal de la enseñanza de esta mujer reformadora de la vida de la Iglesia y de la vida religiosa; fundadora de la familia carmelitana reformada, escritora reconocida en el mundo de la literatura universal y, en particular, en la literatura espiritual del Siglo de Oro de España; mística que testimonia el misterio del Dios viviente; una maestra de vida espiritual cuya doctrina sigue siendo hoy punto de referencia en algunos temas fundamentales de la vida cristiana como la oración, la experiencia mística, el dinamismo de la santidad cristiana, el cristocentrismo, el servicio eclesial; una mujer «feminista» para sus tiempos y para los nuestros.

1. Una figura polifacética

Tratemos de entrar progresivamente en el conocimiento de esta autora a través de su figura representada en cuatro tipos iconográficos que responden a la valoración de su persona y de su doctrina.

Una Santa mística realista. A Teresa de Jesús se la considera como una santa mística, como aparece en la imagen de la «transverberación», la gracia extática que

Teresa relata en el capítulo 29 de su *Vida*. Juan Lorenzo Bernini esculpió esta imagen de santa Teresa en mármol blanco de Carrara en 1647, e hizo de ella una obra maestra del Barroco. El artista la juzgaba, entre las muchas imágenes esculpidas por él, la «menos mala». Es una imagen que se encuentra en la Capilla Cornaro, en la Iglesia de Santa María de la Victoria, en la calle XX Septiembre, en Roma. Se trata de la imagen preferida por el mundo barroco y por la interpretación barroca de la espiritualidad teresiana: atención a lo maravilloso, a la fenomenología mística, a la irrupción de lo divino; con una acentuación del «*proprium*» de la experiencia mística teresiana, de lo más llamativo, aunque en el caso de la transverberación no se trata de la experiencia mística más importante de la Santa. Son superiores la gracia del matrimonio espiritual y las visiones trinitarias.

Con todo, estas experiencias místicas no impiden a Teresa preocuparse por la salud de sus monjas, calcular entradas y gastos en sus conventos, buscar bienhechores... Teresa se caracteriza por llevar las alturas místicas al terreno del servicio y de las «obras, obras».

Una Santa escritora. Así queda reflejada en la imagen de Felipe de la Valle, en la Basílica Vaticana, de 1754. La Santa aparece como escritora con la pluma en la mano y el libro abierto. A sus pies, una inscripción en latín que comienza con las palabras «*Spirit Mater*». Una lectura errada de estas palabras ha difundido el título dado a la Santa de «Madre de los espirituales». En realidad el título se refiere a Teresa como «Madre espiritual» de la nueva Reforma de los Carmelitas Descalzos. Así aparece también en otros tipos iconográficos, sentada y escribiendo o de pie, con el libro y la pluma. Una figura clásica y bella, adornada con frecuencia con la paloma del

Espíritu Santo, sugiriendo la idea de la inspiración de sus escritos, considerados por la Iglesia, desde el momento de su beatificación y canonización, como «celestes», carismáticos, guiados por el Espíritu Santo,

Teresa dirige sus escritos a sus confesores y a los «inquisidores», garantes de la ortodoxia de la doctrina católica, pero, sobre todo, escribe para aquellos que quieran iniciar un camino de oración: que sepan las dificultades; comprendan los niveles y los efectos en la vida del orante.

Una monja «andariega». Teresa ha sido definida como Santa andariega, viajera, fundadora. Así está esculpida en la imponente imagen de bronce de E. Cruz Solís, puesta delante de los muros del monasterio de la Encarnación de Ávila en 1962, con la cachava en la mano y la alforja a las espaldas; una mujer en camino que expresa el servicio eclesial típico de Teresa.

A pesar de su mala salud y de contar con pocos recursos económicos, fundó 15 conventos de monjas y 2 de frailes. En el libro de la *Vida,* Teresa relata, con ingenio y sencillez, las dificultades que tuvo para fundar el convento de San José y, más adelante, en el libro de las *Fundaciones,* narra las controversias que tuvo que afrontar para consolidar cada uno de sus monasterios.

Una mujer atrevida, inquieta y simpática. Así la describen quienes reprochan la independencia de Teresa del control de los prelados: una mujer educadora que pretende enseñar «sin letras» a sus amigos los «teólogos». Una monja innovadora que quiere sus conventos «sin rentas», pobres en ciudades ricas.

Su ingenio y simpatía la convirtieron en la preferida de sus padres y capitana de todos los juegos de infancia.

Era una «santa» expansiva, alegre y maestra de humanidad. Su sobrina Teresita, cuando testifica en los *Procesos,* dice de su tía: «*Tenía un exterior tan desenfadado y cortesano que nadie por eso la juzgaba por santa...*».

Ella misma reconoce que «*las gracias de naturaleza que el Señor me había dado, según decían, eran muchas*» (*V* 1,9). Fray Luis de León decía de ella: «*Nadie la conversó que no se perdiese por ella*». Su amigo, el padre Gracián, comentaba: «Una cosa me espantaba de la conversación de esta gloriosa madre, y que lo noté muchas veces y me puse a considerarlo, y es que, aunque estuviese hablando tres y cuatro horas... tenía tan suave conversación, tan altas palabras y la boca llena de alegría, que nunca cansaba, y no había quien se pudiese despedir de ella». Y las Descalzas Reales de Madrid, que acogieron a la Santa bajo su techo, a su paso por la reciente capital de España, decían: «Bendito sea Dios que nos ha dejado ver a una santa a quien todas podemos imitar: habla, duerme y come como nosotras, y conversa sin ceremonias ni melindres de espíritu...». Su simpatía natural le abrió numerosas puertas y le ayudó a entretejer una compleja red de relaciones y de amistades incondicionales con obispos, religiosas, teólogos, nobles, hidalgos, mercaderes y arrieros; aunque también le creó serias dificultades entre los que no veían compatibles la afabilidad y la santidad.

La historia tiene sus preferencias y diferencias a propósito de estos tipos iconográficos. Pero en el conjunto se da una fuerte unidad en la descripción de la personalidad de Teresa, entre la experiencia mística de la imagen de Bernini, la doctrina espiritual y el servicio eclesial: la espiritualidad apostólica o mística apostólica.

Teresa, en efecto, es conocida entre la gente tanto por su carácter humanísimo como por su alta experiencia de las realidades de Dios.

2. Teresa en su contexto histórico

Todo santo es un mensajero de Dios, una palabra dicha al mundo, un fragmento del Evangelio de Cristo, que después hay que situar en el gran mosaico de la santidad en la historia de la Iglesia. Debe verse y entender, pues, a cada santo en su contexto histórico y eclesial.

La vida de Teresa transcurre entre 1515 y 1582, el Siglo de Oro de España. Época compleja, en la que la «monarquía católica» alcanzó su máximo poderío económico, militar y político. Contemporánea de Erasmo de Róterdam, Martín Lutero, Carlos V y Felipe II. Por entonces compuso su música Tomás Luis de Vitoria y escribieron Garcilaso de la Vega, Fray Luis de León y Cervantes. Mientras Juan de Herrera construía El Escorial, Diego de Siloé, Juan de Juni y el Greco realizaban sus mejores obras. *La Celestina* o *El Lazarillo de Tormes,* también contemporáneos, nos describen perfectamente las contradicciones de aquel tiempo.

Es una mujer, escritora y educadora, plenamente inserta en la historia eclesial y civil, aun siendo monja, que asume los valores y las sombras de este período, aunque reacciona a esa situación en muchos puntos. Es innovadora en el nivel social, en los temas del feminismo, en la crítica de las violencias de la guerra; también en el campo religioso-espiritual reacciona ante la mentalidad de la época en temas de vida y doctrina cristiana, como la oración y el valor de la humanidad de Cristo.

Sabemos que en el siglo XVI no estaba bien visto que las mujeres fueran letradas, y mucho menos que se dedicaran a escribir o a enseñar a los demás. En realidad, la mujer era considerada casi como un objeto, propiedad del padre o del esposo. Sus funciones se reducían a ordenar el trabajo doméstico, perpetuar la especie y satisfacer las necesidades sexuales de su marido, a cuyo arbitrio se encontraban sometidas. Ella, por ejemplo, hubo de enfrentarse continuamente a los que afirmaban que la oración mental «no es para mujeres, que les podrán venir ilusiones; mejor será que hilen; no han menester esas delicadeces; basta el Paternóster y Avemaría» (*CV* 21,2). Contra el parecer mayoritario, ella afirma que, en el campo de la oración, las mujeres llegan a ser mejores que los varones: «Hay muchas más que hombres a quien el Señor hace estas mercedes, y esto oí al santo fray Pedro de Alcántara (y también lo he visto yo), que decía aprovechaban mucho más en este camino que hombres, y daba de ello excelentes razones, que no hay para qué las decir aquí, todas a favor de las mujeres» (*V* 40,8).

Teresa es una monja carmelita que depende de las tradiciones espirituales del Carmelo y se inserta en la familia carmelitana con su personalidad, sus obras y su espiritualidad.

Vive y despliega su vida preferentemente en su Ávila y en su Castilla, con alguna salida a Andalucía. En sus fundaciones llega hasta Burgos hacia el Norte y hasta Sevilla hacia el Sur. Es una santa típicamente castellana, por su carácter fuerte, sincero y noble, pero los horizontes de su existencia son universales.

Vive la realidad *Europa,* dividida por el protestantismo y lacerada por las guerras de religión en Francia especialmente, pero también en Alemania e Inglaterra. De esta apertura da testimonio también el comienzo del *Camino de perfección* donde Teresa llora por los males de la Iglesia: «En este tiempo vinieron a mi noticia los daños de Francia y el estrago que habían hecho estos luteranos y cuánto iba en crecimiento esta desventurada secta. Dime gran fatiga, y como si yo pudiera algo o fuera algo, lloraba con el Señor y le suplicaba remediase tanto mal» (*CV* 1,2).

Tiene conocimiento de un territorio que se llama la «tierra de los moros», y descubre el dilatado mundo del Islam que para ella es *África,* con todas las connotaciones que esto tiene en la conciencia de la España de 1500. La reciente victoria de los Reyes Católicos y la conquista de Granada, pero también las nuevas guerras en el norte de África cuando Teresa es una niña, despiertan su conciencia y el deseo del martirio, como aparece al comienzo de su vida: «Como veía los martirios que por Dios las santas pasaban, parecíame compraban muy barato el ir a gozar de Dios y deseaba yo mucho morir así, no por amor que yo entendiese tenerle, sino por gozar tan en breve de los grandes bienes que leía haber en el cielo, y juntábame con este mi hermano a tratar qué medio habría para esto. Concertábamos irnos a tierra de moros, pidiendo por amor de Dios, para que allá nos descabezasen. Y paréceme que nos daba el Señor ánimo en tan tierna edad, si viéramos algún medio, sino que el tener padres nos parecía el mayor embarazo» (*V* 1,4). Al final, África será su sueño misionero a donde enviará a los primeros carmelitas misioneros.

Participa claramente de la nueva apertura de los horizontes de España con el descubrimiento de *América.* Muchos de sus hermanos y parientes se han embarcado como «conquistadores». Algunos de sus hermanos abandonaron la casa en busca de mejor fortuna. América, desde México a Perú y a Argentina, está llena de gente que se considera descendiente de la familia de santa Teresa o en posesión de estampas que se remontan a los hermanos de la Santa. De América llegan los primeros recursos económicos para el monasterio de San José. Después la Santa tendrá una experiencia fuerte y traumática de esta realidad. En 1566, fray Alonso Maldonado OFM, un misionero de la Nueva España, de la corriente de los misioneros franciscanos, defensores de los indios como el dominico Bartolomé de las Casas, llega hasta el monasterio de San José de Ávila. Maldonado, hombre audaz y locuaz, visita a la madre Teresa y ofrece una visión que Teresa no conocía de la realidad de los conquistadores: una mezcla de evangelización y colonización salvaje. Aquella conversación suscita en la Madre una profunda experiencia eclesial, cargada de dolor y de sentimiento apostólico: «A los cuatro años (me parece era algo más), acertó a venirme a ver un fraile francisco, llamado fray Alonso Maldonado. Este venía de las Indias poco había. Comenzome a contar de los muchos millones de almas que allí se perdían por falta de doctrina, e hízonos un sermón y plática animando a la penitencia, y fuese. Yo quedé tan lastimada de la perdición de tantas almas, que no cabía en mí. Fuime a una ermita con hartas lágrimas. Clamaba a nuestro Señor, suplicándole diese medio cómo yo pudiese algo para ganar algún alma para su servicio, pues tantas llevaba el demonio, y que pudiese mi oración algo, ya que yo no era para más» (*F* 1,7). Se encuentran rastros de esta impresión en sus cartas, especialmente a su amado hermano Lorenzo, que vive en Quito: manifiestan su preocupación por la realidad de América y los abusos de los conquistadores.

Y no es ajena a su experiencia otro sector social y religioso muy presente en la España de entonces: los *hebreos convertidos*. Muchos, en vez de abandonar España se convirtieron a la fuerza; se llaman cristianos nuevos. Su abuelo don Juan Sánchez de Toledo, comerciante de telas, es uno de ellos. Se trata de un descubrimiento en la genealogía de la Santa que no se quiso aceptar en un primer tiempo, que ha mantenido en suspenso a algunos estudiosos de la Santa, pero que ahora aparece irrefutable, especialmente después de los últimos estudios y de la documentación del «Pleito de hidalguía». Teresa era de ascendencia hebrea por parte del padre; su abuelo paterno fue procesado por la inquisición en 1485 y obligado a llevar el «sambenito» durante siete viernes. La familia se vio obligada a abandonar su próspero negocio de telas en Toledo y a trasladarse a Ávila, donde su abuelo compró un certificado falso de hidalguía para aparentar una condición que no poseían: la de cristianos viejos.

No aparece claramente cómo sintió Teresa esta su condición social y religiosa, pero probablemente incide en algunas experiencias y doctrinas. No es, pues, una noble de antiguo linaje castellano, como ha presumido durante siglos la hagiografía teresiana, hasta convertirla en la «Santa de la raza» española, sino una Teresa Sánchez, con un apellido bastante plebeyo, descendiente de familia hebrea por parte de un abuelo y nieta de un mercader de telas en Toledo.

3. El contexto eclesial de Teresa

Es una santa de la Iglesia tridentina y de la Reforma católica. Tiene clara conciencia de los fermentos de la vida cristiana en Castilla, de los círculos herejes de los *alumbrados,* de la represión de la *Inquisición* hacia libros, grupos, escritores, en un momento en el que se temía por la infiltración del protestantismo en España. Ella conoce bien la situación de los «autos de fe» organizados por la Inquisición española en los que los condenados por el tribunal abjuraban de sus pecados y mostraban su arrepentimiento, lo que hacía posible su reconciliación con la Iglesia católica, para que sirvieran de lección a todos los fieles. Este era el sentido del auto de fe, en el que, en contra de lo que suele creerse, no se ejecutaba a nadie, sino que los condenados a muerte —los relapsos (reincidentes)— eran entregados a los tribunales reales, que eran los encargados de pronunciar la sentencia de muerte. Teresa sufre por estas expresiones límite de crueldad que acaban con las ejecuciones a muerte en el patíbulo. Ella misma tendrá problemas con el tribunal de la Inquisición, aunque saldrá indemne.

Vive con la plena conciencia de una Iglesia que celebra un Concilio de Reforma, el Concilio de Trento. Activamente participa en el movimiento de la Reforma católica. Conoce a los grandes protagonistas de la historia religiosa de España.

En la capilla de la Santa en Ávila, edificada en el lugar en que nació, se describe su comunión espiritual y el influjo ejercido por estas Órdenes sobre Teresa: el espíritu de la oración (carmelitas), el espíritu de la pobreza (franciscanos), el espíritu de la sabiduría y de la verdad (dominicos), el espíritu de la religión y el sentido de la Iglesia (jesuitas).

Teresa tiene estrechas relaciones con los teólogos y espirituales de su tiempo, especialmente con los de Salamanca, Valladolid y Alcalá, que representan el renacimiento teológico de España. Los jesuitas, primerísimos confesores que la ayudaron en el comienzo de su experiencia mística, constituyen un auténtico movimiento renovador del que Teresa tiene plena conciencia en el recuerdo explícito de Ignacio de Loyola y de la Compañía de Jesús. Entre los franciscanos encontramos un personaje de la altura espiritual de san Pedro de Alcántara, confesor, confidente y protector de la madre Teresa y de sus proyectos renovadores. Entre los dominicos, la Madre cuenta con un grupo fervoroso de amigos espirituales que acogen, a través de algunos personajes prestigiosos, el influjo reformista italiano de J. Savonarola; entre ellos los padres García de Toledo, Vicente Barrón, Pedro Ibáñez, Domingo Báñez y otros. Será amiga de todos: de los llamados «espirituales» (Luis de Granada, Pedro de Alcántara, Francisco de Borja, Luis Beltrán, Juan de Ávila y, sin duda, el mejor maestro y hombre espiritual de su tiempo, Juan de la Cruz, el «pequeño Séneca»), pero también de los mejores «teólogos» de su tiempo (hombres que velan sobre la pureza de la fe y son cercanos al tribunal de la Inquisición, como el inquisidor Francisco Soto, obispo de Salamanca). Son algunos de los representantes del movimiento renovador que prepara el gran giro reformista institucional del Concilio de Trento, que encontrará a la España del siglo XVI ya volcada en un amplio esfuerzo de renovación y de explícita reforma religiosa, con nombres de relieve, como el cardenal F. Ximénez de Cisneros.

Partiendo de su ser «mujer no docta», Teresa buscó en los teólogos de su tiempo apoyo y seguridad y hacia ellos nutrió un profundo agradecimiento: «Hay opiniones de que no son letrados para gente de oración, si no tienen espíritu. Ya dije es menester espiritual maestro; mas si este no es letrado, gran inconveniente es. Y será mucha ayuda tratar con ellos, como sean virtuosos. Aunque no tenga espíritu, me aprovechará, y Dios le dará a entender lo que ha de enseñar y aun le hará espiritual para que nos aproveche. Y esto no lo digo sin haberlo probado y acaecídome a mí con más de dos» (*V* 13,19).

Cuando Teresa tiene que dar cuenta a la santa Inquisición de su experiencia espiritual, en un memorial de autodefensa, lo hará entre otros modos, con una pizca de astucia, nombrando a todos sus confesores y consejeros espirituales: una larga letanía de nombres entre los que se encuentran los mejores autores de la teología y de la espiritualidad de la época.

Sin embargo, como sucederá con Juan de la Cruz, a Teresa no le basta solo la teología, es necesaria la experiencia: «De lo que yo tengo experiencia puedo decir» (*V* 8,5). Basta pensar en su axioma, tantas veces repetido: «No está la cosa en pensar mucho, sino en amar mucho» (*4 M* 1,7; cf. *F* 5,2). Y por eso Teresa prestará buena atención también a los «espirituales». Es emblemático, por ejemplo, el hecho de Pedro de Alcántara que reprenderá a la Santa por haberse aconsejado con los dominicos en el tema de la pobreza, cuando habría debido escuchar simplemente a quien había hecho de la pobreza una experiencia radical: «Me asombra que vuestra gracia someta a la opinión de los doctos lo que no es de su competencia... Con los juristas [se deben] tratar los conflictos y los casos de conciencia, pero tomar de ellos consejos en el campo del espíritu es poco menos que convertirse en infiel [...]. Si vuestra gracia va a buscar el consejo de "letrados" sin espíritu, verá cómo va a acabar [...]. No tome parecer sino de los que viven lo que aconsejan [...] porque ordinariamente esos tales no entienden sino lo que hacen y viven» (*Obras de santa Teresa,* vol. III, Madrid, BAC, 1959, 832-833).

Santa Teresa, mística y espiritual, quiere así mantener un obligado y fecundo diálogo entre espiritualidad y teología, entre experiencia y doctrina, para que la vida cristiana se viva según la verdad de la Palabra, pero también para que la doctrina tenga el soplo espiritual y conduzca hacia Quien da la vida y la transforma.

Pero su experiencia de la Iglesia es más dilatada y más profunda. Es la experiencia interior de la situación de la Iglesia, percibida casi místicamente, especialmente en el proceso de su laceración por parte del *luteranismo*. De esta fuerte experiencia eclesial brota su aportación a la renovación espiritual de la Iglesia: la vida contemplativa como renovación interior para servir a la Iglesia con la oración y la santidad. La característica teresiana «*sentire Ecclesiam*» —que es algo más que un simple «sentir con la Iglesia»—, está presente en sus libros, que acaban siempre con una profesión de fe en la Iglesia católica.

Teresa es testigo en su experiencia mística de las grandes verdades doctrinales, negadas por Lutero y afirmadas por Trento: la realidad del pecado, pero también la verdad de la justificación como verdadero don de la gracia, la comunión personal con Dios, la transformación de la persona y, por tanto, la experiencia de estar verdaderamente salvada, con la afirmación del papel absolutamente necesario de la salvación en Cristo. Afirma también el valor de los sacramentos, de los sacramentales y de las imágenes.

Teresa es una mística carismática que, a diferencia de Lutero, demuestra, con su adhesión a la Iglesia, el sentimiento vivo de la tradición. En ese sentido supone un verdadero y providencial carisma para la Iglesia de su tiempo.

4. Santa Teresa en el ámbito de la historia de la espiritualidad

Hay reminiscencias de relación y reacciones de Teresa ante las corrientes de espiritualidad de la época, desde las más abiertas del erasmismo, promotor de un cristianismo interior en contraste con la exterioridad de las prácticas de la religiosidad y de las ceremonias externas, hasta las más peligrosas de los «alumbrados» y las posturas polémicas de un Melchor Cano y otros enemigos de la cultura de las mujeres y de su dedicación a la oración. De estas corrientes destacamos especialmente dos: el movimiento de la «*Devotio moderna*» y las corrientes heterodoxas de la época, más o menos peligrosas.

4.1. El movimiento oracional de la «Devotio moderna»

A través de los libros de autores franciscanos como Francisco de Osuna, Bernardino de Laredo, Pedro de Alcántara, Alonso de Madrid, o de dominicos como Luis de Granada, Teresa se situó muy significativamente en el gran movimiento de la oración mental metódica, educada en el recogimiento, propio de la *Devotio moderna*.

Pero junto a estos libros estaban los clásicos, como la *Imitación de Cristo* y la *Vida de Cristo* de Landulfo de Sajonia, el Cartujo. Había sido iniciada en la oración interior de recogimiento por su tío Pedro Sánchez de Cepeda, aun antes de entrar en el monasterio, y más tarde cuando salió para curarse de la extraña enfermedad que por poco la llevó a la muerte.

El benéfico influjo de la oración metódica en su vida hizo de la joven Teresa una convencida propagandista de la oración en el monasterio, entre las compañeras y hasta con su padre. En la perseverancia de la oración, interrumpida solo durante un determinado período, Teresa encontró la fuerza para «ponerse en la verdad» delante de Dios, hasta su conversión.

Muchos de los libros que constituyeron el alimento espiritual de Teresa en el momento de su lucha, conversión y renacimiento espiritual, fueron prohibidos por un Decreto del Inquisidor general Fernando Valdés, en 1559. La biblioteca de Teresa, pequeña pero puesta al día, quedó casi vacía. En compensación, el Señor la tranquilizó con estas palabras: «No tengas pena, que Yo te daré libro vivo» (*V* 26,6). Era la promesa de un magisterio íntimo, constante, que entonces empezaba para Teresa, invitada así a aprender la sabiduría a los pies del Maestro divino.

Aun habiendo tomado de esos libros muchas nociones y adquirido una cierta experiencia de la oración, no faltarán de su parte puntualizaciones y rechazos a algunos autores, especialmente por ciertos consejos sobre la provocación del recogimiento interior, el método de no pensar nada, el peligro que ella encuentra en la invitación a trascender la humanidad de Cristo en los altos grados de la vida espiritual (cf. *V* 22).

4.2. Las corrientes heterodoxas

No podemos olvidar, por la implicación que tiene con el caso teresiano, la existencia de grupos heterodoxos variados a los que se incluye bajo el nombre de «alumbrados», denominación que cubre realidades muy diferentes.

Una nota común es que en la España del siglo XVI florecen, como fruto de una renovación espiritual muy sentida, grupos de cristianos que cultivando el llamado «cristianismo interior» erasmiano, derivado de su propagador Erasmo de Róterdam, dedican mucho tiempo a la oración mental y forman grupos cerrados que van a degenerar, a veces, por la falta de discernimiento y el fanatismo religioso en torno a algún personaje «carismático», exaltado en su profetismo antieclesial o en sus falsas experiencias místicas. Círculos de oración, cristianos atraídos por el evangelismo erasmiano y, más tarde, grupúsculos tocados por la herejía protestante, ponen en alarma a la santa Inquisición, que toma medidas drásticas por las que viene incriminado hasta el Primado de España, arzobispo de Toledo, Bartolomé de Carranza.

Teresa tuvo conciencia de la existencia de estos grupos heréticos a los que alude explícitamente (cf. *V* 16,7). Más aún, uno de ellos, el de Agustín Cazalla y de sus secuaces de Valladolid, trató de acercarse a Teresa durante el tiempo de su estancia en la casa de doña Guiomar de Ulloa en Ávila. Se comprende que en esa situación haya habido malévolas insinuaciones a cuenta de la Santa y de sus amigos «espirituales», marcándolos, tal vez solo por la sospecha, de ser un círculo herético.

Teresa reconoce que estuvo involucrada en una experiencia mística: «Habrá como dieciocho años, cuando se comenzó a tratar del primer monasterio que fundó de descalzas, que comenzó a parecerle que la hablaban interiormente algunas veces y ver algunas visiones y revelaciones interiormente con los ojos del alma, que jamás vio cosa con los ojos corporales ni la oyó. Dos veces le parece que oyó hablar, mas no entendió ninguna cosa. Era una representación, cuando estas cosas veía interiormente, que no duraba sino como un relámpago lo más ordinario, mas quedábasele tan imprimido y con tanto efecto como si lo viera con los ojos corporales, y más» (*CC* 4b,2). Sus temores, sin embargo, se disiparon pronto con el recurso sincero a los confesores, a los que se confiaba humildemente para discernir su propia experiencia. Es sintomático que el grupo hereje de Valladolid tuviese miedo de Teresa, por el hecho de que era tan abierta en la búsqueda de la verdad con sus confesores.

La profunda adhesión a la Iglesia, la convicción de encontrar en ella la verdad de la fe, la llevaron a contradecir a algún amigo temeroso que le recordaba el peligro de la santa Inquisición: «Iban a mí con mucho miedo a decirme que [en cuestión de visiones] andaban los tiempos recios y que podría ser me levantasen algo y fuesen a los inquisidores. A mí me cayó esto en gracia y me hizo reír, porque en este caso jamás yo temí, que sabía bien de mí que en cosa de la fe contra la menor ceremonia de la Iglesia que alguien viese yo iba, por ella o por cualquier verdad de la Sagrada Escritura me pondría yo a morir mil muertes. Y dije que de eso no temiesen; que harto mal sería para mi alma, si en ella hubiese cosa que fuese de suerte que yo temiese la Inquisición; que si pensase había para qué, yo me la iría a buscar; y que si era levantado, que el Señor me libraría y quedaría con ganancia» (*V* 33,5).

Este texto teresiano refleja muy bien el ambiente sospechoso y al mismo tiempo la seguridad eclesial de nuestra Santa. De hecho, su caso irá a parar de momento a la Inquisición, donde Teresa también cuenta con buenos amigos. Enviará el manuscrito de la Autobiografía para que lo revise y juzgue san Juan de Ávila.

Solo más tarde, por acusaciones calumniosas, florecidas en la fundación de Sevilla, deberá rendir testimonio a la Inquisición de su propia experiencia de oración y de vida con un memorial que es una obra de arte de discernimiento eclesial: «Desde que tuvo cosas sobrenaturales siempre se inclinaba su espíritu a buscar lo más perfecto, y casi ordinario tenía gran deseo de padecer; y en las tribulaciones que ha tenido, que son muchas, se hallaba consolada y con amor particular a quien la perseguía. Gran deseo de pobreza y soledad y de salir de este destierro por ver a Dios. Por estos efectos y otros semejantes se comenzó a sosegar» (*CC* 4b,14).

La actitud de Teresa respecto de los círculos heterodoxos está bien clara: absoluta disociación y condena. Pero no por ello se siente inhibida en promover grupos de auténticos amigos de Dios; ni retrocede en su empeño de renovar la vida espiritual por medio de la oración constantemente confrontada con las obras y el amor a la Iglesia. Hacia las tesis erasmianas Teresa habría podido sentir un cierto movimiento de consenso donde el maestro de Róterdam propone una visión más humanizadora de la vida cristiana, un retorno al Evangelio, la búsqueda de la oración interior. Pero Teresa es demasiado «católica» para no discernir en las doctrinas erasmianas ciertas oposiciones exageradas que instintivamente ella lleva a la armonía y a la integración recíproca y necesaria.

Por eso la Santa escoge la experiencia religiosa personal y la apertura al juicio de los expertos: interioridad-exterioridad, ciencia-experiencia, oración vocal y oración mental, experiencia interior, vuelta al Evangelio, liturgia y religiosidad popular, oración-acción, seguimiento de Cristo y conocimiento de los propios pecados, junto al reconocimiento del don de la gracia. Con verdadero instinto sobrenatural, su «*sensus Ecclesiae*» la deja fuera del peligro de las tesis antinómicas demasiado lanzadas, hasta la herejía, de reformadores y herejes.

Temas para la reflexión y el diálogo

- El contacto con Teresa tiene un efecto transformante para grandes santos, como ocurrió con santa Edith Stein, que se convirtió gracias a la lectura de las obras de Teresa, pero también para personas inmersas en la vida cotidiana.

  ¿Por qué crees que Teresa sigue suscitando tanta atención hoy por parte de creyentes y no creyentes?

- La capacidad afectiva de Teresa le proporcionó siempre unas relaciones humanas brillantes: hija preferida, hermana simpática y alegre, con gracia y donaire en su conversación, amiga de gente importante de su tiempo.

  ¿Cómo logró Teresa que toda esta capacidad de relación girara en la órbita de Cristo, abarcando todos los aspectos de su vida?

- Para entender el feminismo de Teresa, conviene atender a la cultura de su tiempo y a la discriminación insultante de la mujer: la función de la mujer se supeditaba a permanecer en su casa, en el anonimato. Era inconcebible que una mujer se dedicara a las «lecturas» o a la enseñanza. De ahí la «revolución» de Teresa. Algunos de sus contemporáneos la llaman una «mujer varonil».

¿Qué puede significar la figura de Teresa para el «feminismo» actual?

- Humildad, verdad, entrega, alegría, agradecimiento, amistad, servicio, misericordia, perdón, afecto, simplicidad, transparencia, sencillez, humor, paciencia, perseverancia, aguante… son algunas de las actitudes que emergen en la vida de Teresa.

  ¿Qué enseñanzas vitales te impresionan más del «humanismo» de Teresa?

- En el capítulo 25 del libro de la *Vida*, Teresa nos habla de comunicaciones extraordinarias provenientes del Espíritu (visiones, locuciones, sentimientos) que la sitúan en una nueva y más profunda relación con Dios (cf. *6 M*).

  Siguiendo el ejemplo de Teresa, ¿cuáles son los criterios de veracidad para discernir si ciertas comunicaciones de Dios a la persona provienen del Espíritu o son fabricaciones de uno mismo?

Capítulo segundo

TERESA: MUJER INTENSAMENTE HUMANA

La historia, en general, y la de la teología, en particular, no puede prescindir de los «referentes espirituales», de los «modelos» de *santidad,* capaces de interpretar una época y de convertirse en punto de referencia para todos los tiempos, señalando algunas líneas-fuerza o constantes que facilitan una comprensión unitaria y sistemática de toda la experiencia de fe. «Lo que necesitamos en este momento de la historia —afirmaba el cardenal Ratzinger pocos días antes de su elección como Sucesor de Pedro, hablando en Subiaco, el 1 de abril de 2005— son hombres que, a través de una fe iluminada y vivida, hagan a Dios creíble en este mundo. El testimonio negativo de cristianos que hablan de Dios y viven contra Él, ha oscurecido la imagen de Dios y ha abierto la puerta de la incredulidad... Solo por medio de hombres tocados por Dios, puede Dios volver entre los hombres». La vivencia de un santo, que vive lo que cree, constituye, pues, un *locus theologicus*. En el caso de Teresa es aún más evidente porque es ella misma la que reflexiona sobre el sentido de su vida y logra interpretarla por escrito en sus obras.

1. Infancia y vida en familia (1515-1535)

Teresa de Cepeda y Ahumada nació en Ávila (España) el 28 de marzo de 1515. Sus padres fueron don Alonso Sánchez de Cepeda, hijo de un hebreo convertido, don Juan Sánchez, y doña Beatriz de Ahumada, hija de familia de cristianos viejos de Olmedo. El 4 de abril de 1515 fue bautizada en la Iglesia de San Juan. Entre los once hermanos que tuvo, ella fue «la más amada». Sus padres, «virtuosos y temerosos de Dios... de mucha caridad con los pobres y grandísima honestidad» (cf. *V* 1), la educaron en la piedad y en los trabajos domésticos. A los 7 años, junto a su hermano Rodrigo, leía la historia de los santos. Atraídos por aquellos relatos, decidieron ir a la tierra de los moros para que los decapitasen por Cristo. El proyecto falló. Se descubrió su huida y tuvieron que volver a casa. Se dedicaron pues a construir ermitas y a meditar sobre la eternidad: «De que vi que era imposible ir a donde me matasen por Dios, ordenábamos ser ermitaños; y en una huerta que había en casa procurábamos, como podíamos, hacer ermitas, poniendo unas piedrecillas que luego se nos caían, y así no hallábamos remedio en nada para nuestro deseo; que ahora me pone devoción ver cómo me daba Dios tan presto lo que yo perdí por mi culpa» (*V* 1,6).

Cuando tenía alrededor de los 12 años, murió su madre. Al quedar huérfana, Teresa se postró a los pies de la Virgen y le pidió que fuese su madre en adelante: «Acuérdome que cuando murió mi madre quedé yo de edad de doce años, poco menos. Como yo comencé a entender lo que había perdido, afligida fuime a una imagen de nuestra Señora y supliquela fuese mi madre, con muchas lágrimas. Paréceme que, aunque se hizo con simpleza, que me ha valido; porque conocidamente he hallado a esta Virgen soberana en cuanto me he encomendado a ella y, en fin, me ha tornado a sí» (*V* 1,7).

Después de un período de relajación y de vanidad, el padre la encierra en un convento de monjas agustinas para atender a su educación. Teresa tenía 16 años y se declaraba «*enemiguísima de ser monja*». El trato afable y la piedad sincera de la hermana María de Briceño conquistaron el corazón de Teresa: «Holgábame de oírla cuán bien hablaba de Dios... Estuve año y medio en este monasterio, harto mejorada» (*V* 3,1). Reviven en su alma los gérmenes de la piedad infantil y los deseos de abrazar la vida religiosa: «¡Oh Dios mío! ¡Qué daño hace en el mundo tener esto en poco y pensar que ha de haber cosa secreta que sea contra Vos! Tengo por cierto que se excusarían grandes males si entendiésemos que no está el negocio en guardarnos de los hombres, sino en no nos guardar de descontentaros a Vos» (*V* 2,7).

Una enfermedad de «*calenturas con grandes desmayos*» la obliga a volver a la casa paterna. Entra en contacto con libros espirituales y empieza a hacer oración. Las cartas de san Jerónimo la hacen decidir abrazar la vida religiosa: «Diome la vida haber quedado ya amiga de buenos libros. Leía en las *Epístolas* de san Jerónimo, que me animaban de suerte que me determiné a decirlo a mi padre, que casi era como a tomar el hábito, porque era tan honrosa que me parece no tornara atrás por ninguna manera, habiéndolo dicho una vez» (*V* 3,7).

2. Vida en el Carmelo de la Encarnación (1535-1562)

Teresa comunica a su padre el deseo de hacerse monja, pero este se niega a que lo pudiera realizar «*mientras él estuviera vivo*». El 2 de noviembre de 1535, Teresa huye de su casa con su hermano Antonio y pide el hábito en el monasterio carmelita de la Encarnación, donde se encontraba ya una amiga suya, Juana Juárez. El abandono de la casa paterna fue motivo para Teresa de mucho sufrimiento: «Acuérdaseme, a todo mi parecer y con verdad, que cuando salí de casa de mi padre no creo será más el sentimiento cuando me muera. Porque me parece cada hueso se me apartaba por sí, que, como no había amor de Dios que quitase el amor del padre y parientes, era todo haciéndome una fuerza tan grande que, si el Señor no me ayudara, no bastaran mis consideraciones para ir adelante. Aquí me dio ánimo contra mí, de manera que lo puse por obra» (*V* 4,1). Pronto aceptó su padre la novedad y ofreció una generosa dote. Ella se adaptó bien a su nuevo estado: «*En tomando el hábito, entrome un gran contento, que no me ha faltado hasta hoy*» (*V* 4,2).

Hace su profesión el 3 de noviembre de 1537. Algunos meses después de la profesión, una enfermedad misteriosa la obliga a dejar el monasterio. Durante el período de reposo entra en contacto con los libros espirituales de la época. El *Tercer Abecedario,* de Francisco de Osuna, será el libro que la inicia en la práctica de la oración mental y despierta su gusto por la soledad y la contemplación de la vida de Cristo: «Cuando iba, me dio aquel tío mío que tengo dicho que estaba en el camino, un libro: llámase *Tercer Abecedario,* que trata de enseñar oración de recogimiento; y puesto que este primer año había leído buenos libros (que no quise más usar de otros, porque ya entendía el daño que me habían hecho), no sabía cómo proceder en oración ni cómo recogerme, y así holgueme mucho con él y determineme a seguir aquel camino con todas mis fuerzas. Y como ya el Señor me había dado don de lágrimas y gustaba de leer, comencé a tener ratos de soledad y a confesarme a menudo y comenzar aquel camino, teniendo a aquel libro por maestro. Porque yo no hallé maestro, digo confesor, que me entendiese, aunque le busqué, en veinte años después de esto que digo, que me hizo harto daño para tornar muchas veces atrás y aun para del todo perderme; porque todavía me ayudara a salir de las ocasiones que tuve para ofender a Dios» (*V* 4,7).

Es del mismo período la amistad con un sacerdote de Becedas que vivía en pecado y que Teresa tiene la alegría de llevar al camino recto: «Pues comenzándome a confesar con este que digo, él se aficionó en extremo a mí, porque entonces tenía poco que confesar para lo que después tuve, ni lo había tenido después de monja. No fue la afición de este mala; mas de demasiada afición venía a no ser buena. Tenía entendido de mí que no me determinaría a hacer cosa contra Dios que fuese grave por ninguna cosa, y él también me aseguraba lo mismo, y así era mucha la conversación».

El sacerdote se aficionó en extremo a Teresa hasta el punto de declararle su perdición: «Y no era poca, porque había casi siete años que estaba en muy peligroso estado, con afición y trato con una mujer del mismo lugar, y con esto decía misa. Era cosa tan pública, que tenía perdida la honra y la fama, y nadie le osaba hablar contra esto».

Teresa se informó más acerca de la situación desordenada del sacerdote y le ayudó a convertirse, llegando a aborrecer todo lo que había hecho en aquellos años. «Tengo por cierto —concluye Teresa— está en carrera de salvación. Murió muy bien y muy quitado de aquella ocasión» (*V* 5,3-6).

En el verano de 1539 la misteriosa enfermedad se agrava. Durante tres días permanece como muerta; solo la testarudez de su padre don Alfonso, que repetía sin cesar: «¡Esta hija no está para enterrar!», impidió que la sepultasen. «Diome aquella noche un paroxismo que me duró estar sin ningún sentido cuatro días, poco menos. En esto me dieron el Sacramento de la Unción y cada hora o momento pensaban expiraba y no hacían sino decirme el Credo, como si alguna cosa entendiera. Teníanme a veces por tan muerta, que hasta la cera me hallé después en los ojos» (*V* 5,9-10).

Todavía paralizada vuelve al monasterio donde queda en ese estado por algún tiempo. La salud quebrantada la acompañará toda la vida: dolores articulares, temblores, desmayos, vómitos, fiebres, hemorragias, etc. Atribuye la completa curación a san José, hacia el que nutrirá en adelante una gran veneración: «Querría yo persuadir a todos fuesen devotos de este glorioso Santo, por la gran experiencia que tengo de los bienes que alcanza de Dios. No he conocido persona que de veras le sea devota y haga particulares servicios, que no la vea más aprovechada en la virtud; porque aprovecha en gran manera a las almas que a él se encomiendan» (*V* 6,7).

Sigue en su vida un período de relajación y después de intensa vida espiritual, sin hechos externos importantes.

3. Fundadora (1562-1582)

Ya en 1560, como fruto de una intensa evolución espiritual, Teresa decide con algunas de sus amigas más íntimas, abrazar una vida carmelita más perfecta: «Ofreciose una vez, estando con una persona, decirme a mí y a otras que si no seríamos para ser monjas de la manera de las descalzas, que aun posible era poder hacer un monasterio. Yo, como andaba en estos deseos, comencelo a tratar con aquella señora mi compañera viuda que ya he dicho [doña Guiomar de Ulloa], que tenía el mismo deseo» (*V* 32,10).

La idea primitiva se perfila con rasgos más definitivos en un ideal de vida más claro: vuelta a la Regla primitiva de la Orden, vida de soledad, mortificación y oración, en un grupo pequeño y selecto: «Habiendo un día comulgado, mandome mucho Su Majestad lo procurase con todas mis fuerzas, haciéndome grandes promesas de que no se dejaría de hacer el monasterio, y que se serviría mucho en él, y que se llamase san José, y que a la una puerta nos guardaría él y nuestra Señora la otra, y que Cristo andaría con nosotras, y que sería una estrella que diese de sí gran resplandor, y que, aunque las religiones estaban relajadas, que no pensase se servía poco en ellas; que qué sería del mundo si no fuese por los religiosos; que dijese a mi confesor esto que me mandaba, y que le rogaba Él que no fuese contra ello ni me lo estorbase» (*V* 32,11).

Recibe para su proyecto la ayuda y la aprobación de san Pedro de Alcántara, que influye en la elección de la pobreza absoluta. Mientras se solicita de Roma la Bula de fundación, Teresa, providencialmente fuera del convento, prepara la futura casa de su Reforma (cf. *V* 35-36).

El 24 de agosto de 1562 el repiqueteo de una campanilla anuncia a los habitantes de Ávila la fundación del monasterio de San José; aquel día, las cuatro primeras carmelitas descalzas reciben el hábito. Era la semilla y la primera realización de la Reforma carmelita: «Pues todo concertado, fue el Señor servido que, día de San Bartolomé, tomaron hábito algunas y se puso el Santísimo Sacramento, y con toda autoridad y fuerza quedó hecho nuestro monasterio del gloriosísimo padre nuestro San José, año de mil y quinientos y sesenta y dos. Estuve yo a darles el hábito, y otras dos monjas de nuestra casa misma, que acertaron a estar fuera» (*V* 36,5).

La aventura, de momento, acabó mal. El monasterio de San José suscitó las iras del Consejo de la ciudad. Todo parecía acabado: «Juntáronse algunos de los regidores y corregidor y del cabildo, y todos juntos dijeron que en ninguna manera se había de consentir, que venía conocido daño a la república, y que habían de quitar el Santísimo Sacramento, y que en ninguna manera sufrirían pasase adelante. Hicieron juntar todas las Órdenes para que digan su parecer, de cada una dos letrados. Unos callaban, otros condenaban; en fin, concluyeron que luego se deshiciese» (*V* 36,15). Teresa, por orden de su superior, tuvo que volver a la Encarnación.

Después de algunos meses de contradicciones y persecuciones, vence Teresa. El Consejo de la ciudad aprueba la fundación y el superior le permite volver definitivamente a San José. La Madre adopta el nuevo nombre de Teresa de Jesús y recibe amplias facultades de Roma con el *Breve de fundación*. Comienza la vida del nuevo Carmelo (cf. *F* 1). Teresa, en este tiempo, escribe el *Camino de perfección*.

La paz y la sencillez carismática de los comienzos del Carmelo no duraron mucho tiempo para Teresa. Cuando pensaba que estaba cerca de la gloria y de la cima de su vida, prevaleciendo una orientación contemplativa y escatológica, se convierte en una «mujer inquieta y vagabunda»: anduvo todos los caminos de la península, sembrando la España imperial de nuevos gérmenes de vida, sus conventos. La visita del General de la Orden, padre Juan Bautista Rossi (o Rubeo, en la versión latinizada del apellido que usa siempre la Santa), realizada en la primavera de 1567, abre camino a la aventura de Teresa como fundadora. El padre Rubeo anima a la Santa a que «*funde tantos monasterios como cabellos tiene él en la cabeza*». El horizonte se ensancha. Comienzan los viajes de la Santa y de sus monjas sobre mulas y carros. El «*entra como puedas*» (*V* 32,18) se repetirá una y otra vez en la vida de Teresa, hasta su muerte. La razón es sencilla: «Lo que Dios quiere no se puede dejar de hacer» (*F* 22,19).

La primera etapa es Medina del Campo. También aquí la ciudad se despierta con el toque de una campana que anuncia, el 15 de agosto de 1567, la nueva fundación (cf. *F* 3). Lo mismo se repetirá otras muchas veces. La lista de las fundaciones teresianas es larga; vale la pena transcribirla: Malagón (1568), Valladolid (1568), Toledo (1569), Pastrana (1569), Salamanca (1570), Alba de Tormes (1571), Segovia (1574), Beas de Segura (1575), Sevilla (1575), Villanueva de la Jara (1580), Palencia (1581), Soria (1581), Burgos (1582). La narración de esta aventura se encierra en el libro de las *Fundaciones* y en las páginas de sus *Cartas*. Una profunda experiencia misionera despierta en Teresa el deseo de la salvación de las almas.

Su idea madura también en el proyecto de una fundación de frailes. La Providencia la pone en contacto con un carmelita de solo 25 años, que se ha desplazado desde Salamanca para cantar su primera Misa: Juan de Yepes. Es el mes de agosto de 1567. En su primer encuentro, el pequeño fraile le comentó a la madre que estaba pensando irse a la Cartuja, buscando una entrega más generosa al Señor. Ella le contestó: «*¿Para qué quiere ir a buscar fuera lo que puede encontrar en su propia Orden?*». Y le comentó sus proyectos. A él le parecieron bien, «*con tal de que se hiciera presto*» (*F* 3,17). Así se convirtió Juan de la Cruz en el primero de los frailes descalzos y en una de las personas con las que más intimó Teresa. Con íntima satisfacción de la Madre, Juan de Yepes comenzó su vida de oración y de apostolado en Duruelo, el 28 de noviembre de 1568. Duruelo, como San José, será la semilla del nuevo Carmelo Teresiano (cf. *F* 13-14).

Después de veinte años fundando conventos, el 21 de septiembre de 1582, Teresa, a los 67 años de edad, llega a Alba de Tormes enferma y desfallecida. El 29 una hemorragia la obliga a acostarse. El 2 de octubre se confiesa. El 4 recibe el viático: «Hora es ya, Esposo mío, de que nos veamos»; antes de morir, expresa a sus hijas el íntimo deseo de ir pronto a ver a su esposo Jesucristo y, como en una alegre letanía, repite hasta el momento de su sereno tránsito las palabras: «*Por fin, Señor, soy hija de la Iglesia*». Y antes de fallecer: «Es tiempo de caminar». El día siguiente, por la reforma gregoriana del calendario, fue el 15 de octubre, día de su fiesta litúrgica.

Se quedan a punto para ser fundadas la soñada casa de Madrid y las de Aguilar de Campoo, Arenas, Ciudad Real, Ciudad Rodrigo…

4. La glorificación

El halo de gloria que la envolvía ya en vida, se abre en una veneración universal, que aligera los pasos oficiales para su glorificación. Sus escritos se divulgan rápidamente.

En 1591 se comienza el proceso de beatificación en Salamanca y Alba. En Roma, pocos años después, se celebra ya con solemnidad el aniversario de su muerte. Pablo V la proclama Beata el 24 de abril de 1614. Gregorio XV la canoniza solemnemente el 12 de marzo de 1622, junto a Ignacio de Loyola, Isidro de Madrid, Francisco Javier y Felipe Neri.

Los últimos títulos son de nuestros días. Pablo VI la declara patrona de los escritores españoles el 10 de septiembre de 1965. El 27 de septiembre de 1970 queda en los anales de la historia como la fecha de la proclamación solemne del Doctorado Teresiano.

5. Retrato de la Santa

En el monasterio de las carmelitas descalzas de Sevilla, además de custodiar una de las joyas más preciadas de toda la historia de la espiritualidad, el manuscrito autógrafo del *Castillo interior,* se conserva el cuadro de fray Juan de la Miseria y la descripción de María de San José. Su compañera nos ha dejado este retrato de Teresa: «Era esta santa de mediana estatura, antes grande que pequeña; tuvo en su mocedad fama de muy hermosa y hasta su última edad mostraba serlo; era su rostro no nada común sino extraordinario, y de suerte que no se puede decir redondo ni aguileño; los tercios de él iguales, la frente ancha e igual y muy hermosa, las cejas de color rubio oscuro con poca semejanza de negro, anchas y algo arqueadas; los ojos negros, vivos y redondos, no muy grandes, mas muy bien puestos; la nariz redonda y en derecho de los lagrimales, para arriba disminuida hasta igualar con las cejas, formando un apacible entrecejo, la punta redonda y un poco inclinada hacia abajo, las ventanas arqueaditas y pequeñas y toda ella no muy desviada del rostro.

Mal se puede con pluma pintar la perfección que todo tenía: la boca, de muy buen tamaño; el labio de arriba delgado y derecho, el de abajo grueso y un poco caído, de muy linda gracia y color; y así la tenía en el rostro, que con ser ya de edad y muchas enfermedades, daba gran contento mirarla y oírla porque era muy apacible y graciosa en todas sus palabras y acciones.

Era gruesa más que flaca y en todo bien proporcionada; tenía muy lindas manos, aunque pequeñas; en el rostro, al lado izquierdo, tenía tres lunares levantados como verrugas pequeñas, en derecho unos de otros, comenzando desde debajo de la boca el que mayor era, y el otro entre la boca y nariz, el último en la nariz, más cerca de abajo que de arriba.

Era en todo perfecta como se ve por un retrato que al natural sacó fray Juan de la Miseria, un religioso nuestro» (*Libro de recreaciones* VIII,188).

Esta descripción coincide con el retrato que nos ha dejado de ella fray Juan de la Miseria y que le valió de la misma Santa este dulce reproche: «Dios te perdone, fray Juan, que ya que me pintaste podías haberme sacado menos fea y legañosa».

De carácter era viva, extrovertida, prudente. Hábil y atinada en la conversación, sabía adaptarse maravillosamente a circunstancias. Era noble, digna, sincera, toda de una pieza. Llevada a la amistad y sensibilísima al agradecimiento. Hábil en los trabajos domésticos, práctica, rápida «como un notario» en el manejo de la pluma. Fue amiga de la cultura por su profundo amor a la verdad. Graciosa y simpática en la conversación y en el trato.

Las muchas y continuas enfermedades, los sufrimientos y persecuciones no disminuyeron su buen humor. Fue emprendedora en sus comienzos y tenaz en llevarlos a buen fin. Estuvo dotada de una gran capacidad de atraer y ganarse a sus colaboradores. Suave en el gobierno, trabajaba con gran libertad cuando estaban de por medio los «negocios de Dios».

Temas para la reflexión y el diálogo

- Teresa ha tenido la suerte de nacer y educarse en una familia que conjuntaba las «armas y las letras». De sus padres nos dice que eran «virtuosos y temerosos de Dios» (*V* 1,1). Tiene once hermanos de diferentes edades, cualidades y características. Con su hermano Rodrigo, «que era el que yo más quería» (*V* 4) construía ermitas en el jardín y con él repetía la frase teresiana: «para siempre, para siempre, para siempre».

  ¿Qué características de la vida de familia considerará Teresa fundamentales, después, en la vida comunitaria?

- Teresa se define como «mujer y ruin...», pero visitada por el Señor con un torrente de gracia que la ha convertido en amiga y sierva de su Divina Majestad.

Ya en su adolescencia, Teresa se olvida un poco de Dios, pero no de la honra (cf. *V* 2). Durante la crisis espiritual, Teresa llega incluso a dudar de la oración (cf. *3 M*; 6 *M* 1,13; *V* 4,7; 7,11).

¿Cómo logra Teresa superar los momentos de crisis y de relajación espiritual? Las relaciones personales de Teresa, ¿cómo influyen en su vida espiritual? Haz una lista de personas que han influido positivamente en tu vida.

- El afecto de Teresa por sus confesores y consejeros brilla sin complejos ni mojigaterías. Siente necesidad de maestros y compañeros de camino, aunque estos no siempre la entendieron y, en ocasiones, la engañaron, pero siempre los buscó: «Porque estas cosas de oración todas son dificultosas; y si no se halla maestro, muy malas de entender» (*V* 13,12). Es más, «si uno comienza a darse a Dios, hay tantos que murmuren, que es menester buscar compañía para defenderse» (*V* 7,22).

¿Qué características considera Teresa fundamentales en un «maestro» de vida espiritual?

- A pesar de ser Teresa una mujer «enferma y débil» (cf. *V* 5), en sus escritos la gran preocupación es la «salud» física y espiritual de la persona: «Como soy tan enferma, hasta que me determiné en no hacer caso del cuerpo ni de la salud, siempre estuve atada, sin valer nada... que después que no estoy tan mirada y regalada tengo más salud» (*V* 13,7).

¿Cómo logró Teresa tener una actitud de libertad ante la enfermedad? ¿Qué grandes bienes logró obtener Teresa de sus muchos males?

- Durante la estancia en Becedas, Teresa hace amistad con un sacerdote, al que logra devolver al camino de Dios. En esta relación experimenta los celos de Dios sobre la vida del hombre. Acercarse a Teresa significa preguntarse por la relación que cada uno de nosotros tiene con Dios (cf. *V* 5,6).

  ¿Cómo conjugar el ejercicio de libertad con la determinación de Teresa de entregarse del todo a Dios? ¿Qué entiende Teresa por «determinación» en el camino espiritual?

- En su tarea de fundadora, Teresa toma contacto con las realidades de su tiempo: cuentas por pagar, negociaciones y licencias, dotes y dineros... Esto no la hace más mundana sino más mística.

  ¿Cómo hizo Teresa para llevar adelante su misión y convertirse en excelente colaboradora del Reino? ¿Por qué Teresa no logra perder su peculiar sentido del humor, no obstante el dramatismo de ciertos momentos de su vida?

Capítulo tercero

ITINERARIO ESPIRITUAL DE TERESA

La breve presentación de las etapas fundamentales del camino interior de Teresa nos permitirá comprender mejor sus enseñanzas. Teresa, de hecho, recaba de su experiencia personal, narrada con audacia y con estilo sencillo y directo, empleando el «lenguaje de unas mujeres a otras», la magistral síntesis doctrinal que presenta en sus obras.

1. Primeros fervores

La infancia de Teresa se caracteriza por una serie de acontecimientos importantes: la lectura de las vidas de los santos, que ocasionan su fuga; los primeros juegos infantiles («De que vi que era imposible ir a donde me matasen por Dios, ordenábamos ser ermitaños»), que denotan una religiosidad precoz y acentuada; la meditación sobre las verdades eternas («¡para siempre, siempre, siempre!»), que revelan una capacidad contemplativa; una tierna devoción a la Virgen María, heredada de la madre, que se expresa con el rezo del rosario y que tiene su punto culminante en los diálogos con Nuestra Señora, cuando queda huérfana (cf. *V* 1,7).

2. Vanidad y relajación

Los fervores no duran mucho. Con la primera adolescencia llega la crisis que se presenta con las características normales para una muchacha de la sociedad de aquel tiempo: la afición a los libros de caballerías exalta la fantasía y la sensibilidad de Teresa, llenando su vida. Su primer parto intelectual será, en este período, una novelita...; su exquisita femineidad la lleva a cuidar su belleza y a adornar su persona: «Comencé a traer galas y a desear contentar en parecer bien, con mucho cuidado de manos y cabello y olores y todas las vanidades que en esto podía tener, que eran hartas, por ser muy curiosa»; completa el cuadro una historia de amor con un primo suyo, animada y un poco arropada con aires de novela por la intervención de una pariente suya (cf. *V* 2).

Así era Teresa durante no muchos años. Don Alfonso vivió momentos de ansiedad por su hija y decidió asentarla en un monasterio en el que se pensase en su educación. Este contraste de fervor y de relajación que caracteriza el primer período de la vida de la Santa, dejará una huella en su existencia y durará con acentos dramáticos hasta su «conversión» definitiva. La experiencia de la amistad marcará profundamente su vida espiritual, su apostolado y su doctrina.

3. Comienzos en la vida interior

Con la «reclusión» de la joven Ahumada en el monasterio de las Agustinas, comienza un período de maduración espiritual caracterizado por algunos elementos.

La amistad con sor María de Briceño la lleva a descubrir los valores del espíritu: «Comenzó esta buena compañía a desterrar las costumbres que había hecho la mala y a tornar a poner en mi pensamiento deseos de las cosas eternas y a quitar algo la gran enemistad que tenía con ser monja, que se me había puesto grandísima. Y si veía alguna tener lágrimas cuando rezaba, u otras virtudes, habíala mucha envidia; porque era tan recio mi corazón en este caso que, si leyera toda la Pasión, no llorara una lágrima. Esto me causaba pena» (*V* 3,1).

El encuentro con su tío Pedro, hombre muy espiritual, «hermano de mi padre, muy avisado y de grandes virtudes, viudo, a quien también andaba el Señor disponiendo para sí», la refuerza en estos ideales de vida cristiana: «Su hablar era lo más ordinario de Dios y de la vanidad del mundo» (*V* 3,4).

La lectura de las *Cartas* del impetuoso san Jerónimo determina su vocación religiosa y la fuga de casa a pesar del dolor que siente al abandonar a su padre: «Me parece cada hueso se me apartaba por sí» (*V* 4,1).

En el monasterio encuentra la paz y la alegría de los primeros años de fervor y de oración intensa. Al tener que dejar el monasterio, a causa de una enfermedad, los libros espirituales le ayudan a un primer comienzo en la oración mental; la practica con asiduidad, meditando los misterios de la vida de Cristo: «Y como ya el Señor me había dado don de lágrimas y gustaba de leer, comencé a tener ratos de soledad y a confesarme a menudo y comenzar aquel camino, teniendo a aquel libro [*Tercer Abecedario* de Osuna] por maestro. Porque yo no hallé maestro, digo confesor, que me entendiese, aunque le busqué» (*V* 4,7).

En la vida religiosa se convierte en protagonista en la comunidad; aparecen en ella las virtudes domésticas, que le atraen la simpatía de las hermanas: caridad, servicio, humildad, atención para salvar la buena fama de las ausentes. «Porque de aquel poco tiempo vi nuevas en mí estas virtudes, aunque no fuertes, pues no bastaron a sustentarme en justicia: no tratar mal de nadie por poco que fuese, sino lo ordinario era excusar toda murmuración; porque traía muy delante cómo no había de querer ni decir de otra persona lo que no quería dijesen de mí» (*V* 6,3). Experimenta también la gran ventaja que le viene de haberse puesto bajo la protección de san José: «Y tomé por abogado y señor al glorioso San José y encomendéme mucho a él. Vi claro que así de esta necesidad como de otras mayores de honra y pérdida de alma este padre y señor mío me sacó con más bien que yo le sabía pedir. No me acuerdo hasta ahora haberle suplicado cosa que la haya dejado de hacer» (*V* 6,6).

4. La crisis espiritual y la conversión

Sigue un largo período difícil y oscuro que dura aproximadamente doce años. Teresa, entre los 26 y los 35 años, se debate entre el fervor y la tibieza, entre la oración y el locutorio, entre el diálogo con Dios y las conversaciones mundanas: «Por una parte me llamaba Dios, por otra yo seguía al mundo. Dábanme gran contento todas las cosas de Dios, teníanme atada las del mundo. Paréceme quería concertar estos dos contrarios» (*V* 7,17). Continúa con gran esfuerzo de voluntad, pero con poco fruto, la vida de oración; se mantiene por mucho tiempo en el estado de aridez espiritual (cf.

3 M); llega a dejar la oración: «Ya después que yo andaba tan destraída y sin tener oración, como veía pensaba que era la que solía, no lo pude sufrir sin desengañarle; porque estuve un año y más sin tener oración, pareciéndome más humildad. Y esta, como después diré, fue la mayor tentación que tuve, que por ella me iba a acabar de perder» (*V* 7,11). Las conversaciones frívolas en las rejas del locutorio la absorben; era la moda de entonces; muchos desahogos amorosos entre caballeros solitarios y muchachas enclaustradas a la fuerza en los conventos pasaban a través de las rejas.

Teresa debía despertar simpatías; y los beneficios materiales que estas relaciones amistosas procuraban al convento inmerso en la pobreza, obcecaban la mente de los superiores y de los confesores cuando ella manifestaba sus escrúpulos. Transcurrieron así varios años: «Pues así comencé, de pasatiempo en pasatiempo, de vanidad en vanidad, de ocasión en ocasión, a meterme tanto en muy grandes ocasiones y andar tan estragada mi alma en muchas vanidades, que ya yo tenía vergüenza de en tan particular amistad como es tratar de oración tornarme a llegar a Dios» (*V* 7,1).

En este período de frivolidad recibe alguna prueba extraordinaria del amor de Dios como reproche por su conducta; los nuevos confesores la ayudan. Dos gracias interiores caracterizan sobre todo esta *determinada determinación* (cf. *V* 4) que marcará una verdadera conversión en su vida. El encuentro con la imagen de un Cristo «muy llagado que representaba bien lo que Él pasó por nosotros», que la enternece y la llena de pena: «Fue tanto lo que sentí de lo mal que había agradecido aquellas llagas, que el corazón me parece se me partía, y arrojeme cabe Él con grandísimo derramamiento de lágrimas, suplicándole me fortaleciese ya de una vez para no ofenderle» (*V* 9,1). Y la lectura de las *Confesiones* de san Agustín, en las que Teresa ve reflejada su vida: «Comencé a encomendarme mucho a este glorioso santo. Cuando llegué a su conversión y leí cómo oyó aquella voz en el huerto, no me parece sino que el Señor me la dio a mí, según sintió mi corazón. Estuve por gran rato que toda me deshacía en lágrimas, y entre mí misma con gran aflicción y fatiga» (*V* 9,8).

Esto sucede en la cuaresma de 1554. Teresa cuenta con 39 años. Con esa decisión comienza para Teresa una «nueva vida», que coincide providencialmente con la llegada a Ávila de los Jesuitas y el comienzo de la dirección espiritual con el primer confesor que logró entender a Teresa, el padre Diego de Cetina: «¡Qué gran cosa es entender un alma! Díjome tuviese cada día oración en un paso de la Pasión, y que me aprovechase de él, y que no pensase sino en la Humanidad, y que aquellos recogimientos y gustos resistiese cuanto pudiese, de manera que no los diese lugar hasta que él me dijese otra cosa» (*V* 23,17).

Desde entonces, Teresa se convierte en apóstol de la vida de oración entre los familiares y las hermanas y aprende a encontrar a Dios entre los pucheros porque «aquí se ejercita el amor, que no es por fuerza que ha de haberla cuando hay tiempo de soledad, y lo demás no ser oración. Con un poquito de cuidado, grandes bienes se hallan en el tiempo que con trabajos el Señor nos quita el tiempo de la oración, y así los había yo hallado cuando tenía buena conciencia» (*V* 7,12).

5. La vida mística

A partir de la conversión, Teresa se da ahora con más generosidad a la oración y con la ayuda de buenos confesores orienta su vida «nueva» (cf. *V* 9). Muy pronto se deja sentir en su alma la intensidad de la gracia que la conduce por caminos extraordinarios, y la prepara a una intensa experiencia de vida al servicio de la Iglesia. En este camino progresivo hacia Dios podemos distinguir tres etapas:

5.1. La gracia de la unión

Corresponde al primer estado místico de Teresa; predomina la primera irrupción de la gracia en su alma y se caracteriza por una generosa vida virtuosa, que la libera completamente y para siempre de un amor humano engañoso. El afecto y el sentimiento de la amistad seguirán siempre, pero con un estilo nuevo. Entre las gracias místicas más importantes de este período, cabe destacar la experiencia de la presencia de Dios en el alma: «Acaecíame en esta representación que hacía de ponerme cabe Cristo, que he dicho, y aun algunas veces leyendo, venirme a deshora un sentimiento de la presencia de Dios que en ninguna manera podía dudar que estaba dentro de mí o yo toda engolfada en Él. Esto no era manera de visión; creo lo llaman mística teología. Suspende el alma de suerte que toda parecía estar fuera de sí: ama la voluntad, la memoria me parece está casi perdida, el entendimiento no discurre, a mi parecer, mas no se pierde; mas, como digo, no obra, sino está como espantado de lo mucho que entiende, porque quiere Dios entienda que de aquello que Su Majestad le representa ninguna cosa entiende» (*V* 10,1). Escucha las palabras de Cristo pidiendo que prefiera el libro «que Yo te daré» a los «libros de romance» (*V* 26,5). Recibe las primeras visiones de Cristo: «Estando un día del glorioso San Pedro en oración, vi cabe mí o sentí, por mejor decir, que con los ojos del cuerpo ni del alma no vi nada, mas parecíame estaba junto cabe mi Cristo y veía ser Él el que me hablaba, a mi parecer» (*V* 27,2; cf. *V* 28.29).

Estas gracias cristológicas intensifican su amor por Cristo, la ayudan a superar los prejuicios de una falsa doctrina que aconsejaba dejar aparte, en los altos grados de la mística, la consideración sobre la Humanidad sacratísima (cf. *V* 22). Teresa, en cambio, goza cada vez más de la compañía de Cristo. Vive en su presencia.

5.2. La gracia del desposorio espiritual o período extático

Corresponde a lo que, en la terminología de la Santa, se llama «desposorio espiritual» con Cristo. Predomina una verdadera irrupción de fenómenos somáticos (éxtasis, infusiones de amor) que purifican y renuevan profundamente su vida y la preparan a un período de intensa actividad como fundadora. Entre estos fenómenos debe señalarse la *gracia de la transverberación* o herida del corazón: «Quiso el Señor que viese aquí algunas veces esta visión: veía un ángel cabe mí hacia el lado izquierdo, en forma corporal, lo que no suelo ver sino por maravilla; aunque muchas veces se me representan ángeles, es sin verlos, sino como la visión pasada que dije primero. En esta visión quiso el Señor le viese así: no era grande, sino pequeño, hermoso mucho, el rostro tan encendido que parecía de los ángeles muy subidos que parecen todos se abrasan. Deben ser los que llaman querubines, que los nombres no me los dicen; mas bien veo que en el cielo hay tanta diferencia de unos ángeles a otros y de otros a otros, que no lo sabría decir. Veíale en las manos un dardo de oro largo, y al fin del hierro me parecía tener un poco de fuego. Este me parecía meter por el corazón algunas veces y que me llegaba a las entrañas. Al sacarle, me parecía las llevaba consigo, y me dejaba toda abrasada en amor grande de Dios. Era tan grande el dolor, que me hacía dar aquellos quejidos, y tan excesiva la suavidad que me pone este grandísimo dolor, que no hay desear que se quite, ni se contenta el alma con menos que Dios. No es dolor corporal sino espiritual, aunque no deja de participar el cuerpo algo, y aun harto. Es un requiebro tan suave que pasa entre el alma y Dios, que suplico yo a su bondad lo dé a gustar a quien pensare que miento» (*V* 29,13).

Continúa su vida en compañía de Cristo y de los santos; comienza a componer algunas *Relaciones espirituales* y el libro de la *Vida*. Cuando ya toda su existencia parece orientada hacia la comunión con la Iglesia celeste, en tensión escatológica, su vida espiritual queda profundamente sacudida por las vicisitudes de la Iglesia peregrina. Los años que le quedan se convierten en un intenso servicio de oración y de actividad en la Iglesia tridentina.

Una visión del infierno agudiza en Teresa la preocupación por la salvación de la almas y la enfervoriza en el deseo de una vida más perfecta: «Estando un día en oración me hallé en un punto toda, sin saber cómo, que me parecía estar metida en el infierno... Parecíame la entrada a manera de un callejón muy largo y estrecho, a manera de horno muy bajo y oscuro y angosto. Todo esto era deleitoso a la vista en comparación de lo que allí sentí» (*V* 32,1). De este impulso nacerá como primer fruto la *Reforma.* Después de las noticias sobre la rebelión protestante y las luchas de religión, con las profanaciones y las apostasías, despiertan en ella una estupenda experiencia eclesial que caracteriza definitivamente su Reforma como una vida de oración consagrada al servicio de la Iglesia: «Estase ardiendo el mundo, quieren tornar a sentenciar a Cristo, como dicen, pues le levantan mil testimonios, quieren poner su Iglesia por el suelo, ¿y hemos de gastar tiempo en cosas que por ventura, si Dios se las diese, tendríamos un alma menos en el cielo? No, hermanas mías, no es tiempo de tratar con Dios negocios de poca importancia» (*CV* 1,5). Por último, las noticias de los «conquistadores» de América amplían su horizonte misionero y sus preocupaciones apostólicas. De esta experiencia nacerá la Reforma carmelitana entre los religiosos (cf. *F* 1).

Este período se caracteriza finalmente por una intensa actividad pedagógica, con vistas a la formación de las primeras Descalzas tanto por medio de sus libros como con el diálogo directo. El *Camino de perfección* es de este período y refleja los objetivos y los métodos de su pedagogía espiritual.

5.3. Período de la unión consumada y del matrimonio espiritual

Un hecho determinante es la gracia del matrimonio espiritual sucedido el 18 de noviembre de 1572: «Estando en la Encarnación estando comulgando... Díjome Su Majestad: "No hayas miedo, hija, que nadie sea parte para quitarte de Mí"; dándome a entender que no importaba. Entonces representóseme por visión imaginaria, como otras veces, muy en lo interior, y diome su mano derecha, y díjome: "Mira este clavo, que es señal que serás mi esposa desde hoy. Hasta ahora no lo habías merecido; de aquí adelante, no solo como Criador y como Rey y tu Dios mirarás mi honra, sino como verdadera esposa mía: mi honra es ya tuya y la tuya mía" (cf. *CC* 35).

Cesan las experiencias místicas violentas y sobreviene en su espíritu la paz y la quietud: «¡Oh, quién pudiera dar a entender bien a vuestra señoría la quietud y sosiego con que se halla mi alma!; porque de que ha de gozar de Dios tiene ya tanta certidumbre, que le parece goza el alma que ya le ha dado la posesión aunque no el gozo» (*CC* 6,1). La unión con Dios es continua. Teresa es introducida a una altísima experiencia del misterio trinitario y a una singular participación en los misterios de Cristo, en el ámbito del año litúrgico.

Su actividad de escritora mística alcanza las cimas con la redacción de su obra principal: el *Castillo interior*. Desarrolla una incansable actividad de «educadora» en sus nuevos monasterios.

Sin duda este período se distingue por una actividad extenuante: fundaciones, luchas, persecuciones, problemas familiares, asuntos de todo tipo, innumerables cartas... Pero es un período de plenitud espiritual y de santidad bajo todos los puntos de vista.

La madurez espiritual, la plenitud de la experiencia divina y del servicio eclesial, la llevan casi naturalmente a la gloria. Su cuerpo, siempre enfermizo, cede con un vómito de sangre, bajo el ímpetu de su amor. Sus sentimientos, en el momento del tránsito, se expresan en estas ideas que fueron el móvil de toda su vida: el sentimiento de ser una pecadora; el deseo de ver a Dios: «Hora es ya, Esposo mío, de que nos veamos»; la vibración plena y confiada de vida eclesial: «Muero hija de la Iglesia».

Temas para la reflexión y el diálogo

- Fray Luis de León define a Teresa como «la piedra imán que a todos atrae» (cf. *V* 1,3; 3,4).

  ¿Por qué crees que Teresa cautivaba tanto a las personas con las que trataba?

- Más importante que la crónica biográfica, es la historia interior de Teresa. Teresa es una convertida. Su cambio total de vida interior se produce a los 39 años (1554), leyendo las *Confesiones* de san Agustín (cf. *V* 9).

  ¿Qué razones tiene Teresa para convertirse? ¿A qué o a quién se convierte?

- Tanto Teresa como Juan de la Cruz viven la ascética cristiana como corolario de la experiencia mística del amor personal y concreto de Dios. Más que un ascetismo rígido, la Santa valora el sentido común, que consiste en esa capacidad de lógica, de sensatez, que alimenta el equilibrio y la madurez.

  ¿Cómo nos puede ayudar hoy Teresa a vivir la renuncia, el sacrificio, el servicio desinteresado a los demás?

- Para Teresa, Cristo es la plenitud del hombre y lo vive tan seriamente que se llamará «Teresa de Jesús»: considera a Cristo Amigo, Dechado, Maestro, Rey, Majestad y también Esposo del alma, símbolo del «matrimonio espiritual» en las últimas moradas. En el capítulo 40 del libro de la *Vida,* Teresa presenta a Cristo como «suma Verdad: «Todas las demás verdades dependen de esta verdad».

¿Cómo ilumina tu vida cotidiana Cristo-Verdad?

- Teresa insiste en que no hay desarrollo de la persona ni de la vida religiosa sin un ulterior intento de apertura a lo trascendente o de relación personal del hombre con Dios (cf. *4 M*).

  En un contexto cultural como el que vivimos hoy, en el cual algunos proclaman la «espiritualidad sin Dios», ¿qué supone la insistencia de Teresa en la vida eterna: «Para siempre, siempre, siempre»?

Capítulo cuarto

LOS ESCRITOS DE TERESA: TESTIGOS DE UNA VIDA

Para acceder a la persona de santa Teresa, a su experiencia y a su magisterio, tenemos sus escritos, en los que se refleja claramente su persona, su vivencia y su camino espiritual. Teresa se detiene continuamente a escrutar y penetrar en la propia vida para entenderla a fondo y vivirla con coherencia y determinación, como una persona que ha logrado captar el designio de Dios sobre ella. Al enviar el manuscrito de la *Vida* al padre García de Toledo, le escribe: «*Aquí le entrego mi alma*». No podemos separar, por tanto, la vida de la obra de Teresa. Su vida nos introduce en su lenguaje.

Es típico en Teresa el esfuerzo casi ininterrumpido para interpretarse y dar la versión doctrinal de la obra de Dios en su aventura personal. Es un auténtico esfuerzo «vitalicio»: «Una merced —dirá Teresa— es dar el Señor la merced, y otra es entender qué merced es y qué gracia, otra es saber decirla y dar a entender cómo es» (*V* 17,5). Teresa distingue pues tres etapas en su proceso de búsqueda de Dios: *experimentar,* sentir lo que Dios me da; *entender,* saber qué pasa, para poder identificar lo que siento; *expresar,* para comunicar a otros lo que ha sucedido en mí.

Para Teresa, la escritura es un instrumento de discernimiento de su propia identidad y de la identidad de la familia que ha fundado. Su primer escrito doctrinal, así como también el último de todos, son dos *Cuentas de conciencia:* la primera, de 1560; la última, de 1581; las dos contienen un trabajo de autoanálisis para proponer su caso al estudio de los teólogos directores suyos, con el fin de darse a conocer en la esfera teológica, para que la ayuden a entenderse mejor ella misma. En realidad todas sus obras son fundamentalmente autobiográficas: lo son la *Vida,* el *Camino* y las *Moradas,* aunque en tres planos diferentes: expositivo, ascético y místico.

1. Interpretación de los escritos de Teresa

Se puede seguir la línea de interpretación desde dos puntos de vista: por una parte la acción y el plan de Dios; y, por otra parte, la historia de Teresa.

a) Dios, en Teresa, pone en claro su plan de salvación. Él ocupa el centro de su vida: comienza, preside, atiende, realiza; elige e impulsa a la acción apostólica; exige más de lo que ella habría podido imaginar nunca; va realizando en Teresa cosas absolutamente inesperadas, increíbles. En definitiva, Dios marca la ruta de la vida de la Santa, de modo que sin Él sería imposible entender su existencia.

b) Teresa interviene, pero no ya como principal protagonista, sino como pecadora, con resistencias, momentos de opacidad, relaciones contradictorias. Con frecuencia se detiene ante Dios para asegurarle que no entiende en absoluto cómo Él haya podido tener la idea de hacer «tales cosas» precisamente «en una como ella». Después logra asociarse plenamente al plan de Dios, tanto en el trabajo de santificación personal, como en la proyección eclesial.

Como se puede ver en el *Castillo interior,* el proceso de realización de Teresa sigue este plan: parte del sentirse pecadora; sucesivamente, a través de la lucha, llega al encuentro con Cristo: se abre y se entrega a Él y, finalmente, sigue la mutua comunicación en lo profundo de la vida, que concluye en el misterio de la unión.

Desde el punto de vista teológico, la Santa ve el conjunto de su «caso personal» como una «micro-historia» de la salvación. Su vida refleja, al mismo tiempo, la gran «*historia salutis*» (línea bíblico-eclesial) y compendia la economía de la salvación aplicada a cada persona humana (línea individual). Así se explica la insistencia con la que ella refiere su propia historia a las figuras de la Biblia: Pablo, Pedro, David, la Magdalena (los grandes convertidos)... o a los grandes santos de la Iglesia, como Agustín o Jerónimo.

2. Interacción entre la vida y los escritos de Teresa

De los datos aquí expuestos se deduce la existencia de una cierta progresividad en las obras de la Santa: inevitable, dada la dependencia de su enseñanza de la progresiva experiencia y teniendo en cuenta que las primeras obras teresianas (*Vida* y *Camino*) se compusieron cuando la autora no había alcanzado todavía la plenitud de la experiencia.

Así, la *Vida,* escrita en plena efervescencia espiritual y mística, refleja más vivamente el ardor y la frescura de la experiencia misma, y adquiere una forma más evidente de testimonio. Las *Moradas,* en cambio, contienen un pensamiento más maduro, sereno y definitivo, y se convierten en un auténtico tratado de vida espiritual.

Por esta misma razón, en determinados puntos de su enseñanza, la Santa sufrió un proceso evolutivo, que va de la *Vida* a las *Moradas,* hasta la última *Relación.*

La vida y la experiencia de la Santa se completan mutuamente. Como criterio base, se puede establecer que, metodológicamente, el estudio de cualquier sector de la enseñanza teresiana debe plantearse partiendo de la experiencia vivida (biografía y autobiografía de la Santa), para proceder después a la búsqueda de su pensamiento (elaboración doctrinal del mismo tema en sus escritos); y de esta elaboración a la pedagogía o transmisión viva y mistagógica de la experiencia, para enriquecer y acompañar la «humanización-divinización» de las personas.

3. Aspectos literarios, históricos y de redacción

Los escritos teresianos, bajo el perfil lingüístico, nos transmiten el lenguaje clásico coloquial del siglo XVI en Castilla. Son conocidos los elogios hechos a sus escritos por diferentes literatos, comenzando por el editor de sus obras, también él maestro de la lengua castellana, fray Luis de León.

El lenguaje de los textos originales de Teresa es vivo y accesible. Basta saber leer y entrar en el juego de la conversación, aunque se considera necesaria una adecuada introducción.

Todos los escritos de la Santa son de la época de su madurez, a partir del año 1560, en que escribe las primeras *Relaciones,* hasta pocas semanas antes de su muerte, con las últimas *Cartas.* Se dice que en su juventud escribió una novelita de caballería. Ese saber escribir suyo no es corriente en la educación de las mujeres de su tiempo. Teresa es, en cierto modo, una joven privilegiada, desde el punto de vista cultural.

Sobre los escritos teresianos no pesan sospechas acerca de la originalidad, como puede ocurrir con los de otros santos, ni ha habido críticas sobre la autenticidad de las redacciones, como para algunos libros de san Juan de la Cruz. Los escritos de Teresa han tenido una suerte extraordinaria, dado que la mayor parte de ellos se conservan autógrafos. *Vida, Camino de perfección* —primera redacción—, *Modo de visitar los conventos, Fundaciones* se conservan en el monasterio de El Escorial, cerca de Madrid. *Camino de Perfección* —segunda redacción— se encuentra en el convento de las Carmelitas Descalzas de Valladolid y *Moradas* o *Castillo interior,* en el convento de las Carmelitas Descalzas de Sevilla. Además, existen ediciones facsímiles de todos estos libros. De los otros escritos menores —*Relaciones, Cartas, Poesías*— hay algunos autógrafos. El estudio de los autógrafos permite también el análisis de la redacción concreta y de la historia de los textos y de las correcciones, como sucedió para el *Camino de perfección* de Valladolid y para el *Castillo interior* y, recientemente, para el estudio del libro de la *Vida.*

Tenemos, por tanto, ediciones críticas fiables, hechas generalmente sobre los autógrafos o sobre las ediciones facsímiles.

4. Diferentes formas de catalogar los escritos teresianos

Desde el punto de vista histórico-biográfico-doctrinal: *Vida* y *Fundaciones;* de estilo doctrinal-místico: *Castillo interior, Pensamientos sobre el amor de Dios;* de carácter ascético-pedagógico-doctrinal: *Camino de perfección;* de corte jurídico: *Constituciones* y *Modo de visitar los conventos;* de tono lírico efusivo: *Poesías* y *Exclamaciones;* de género epistolar-comunicativo: *Cartas;* de un cierto estilo humorístico-espiritual: *Vejamen, Desafío*.

Por su interés propiamente espiritual deben estudiarse los libros del tríptico *Vida, Camino, Castillo interior,* que se pueden completar con referencias a otras obras, como las *Relaciones* y los *Pensamientos sobre el amor de Dios*. Para la historia se debe acudir a *Fundaciones* y *Cartas*.

5. Originalidad e influencias

Ciertamente las páginas de la Santa no nacen de la nada: presuponen, por tanto, una cierta preparación literaria y doctrinal, reflejan algunas influencias recibidas, pero prevalece finalmente su síntesis personal, su aportación y la riqueza de la experiencia espiritual.

Vida supone y recuerda diversas lecturas; *Camino* ciertamente tiene en cuenta una serie de lecturas, libros, corrientes de pensamiento, hacia los que Teresa reacciona con un cierto pique de polémica. En el *Castillo interior* prácticamente no hay alusiones a libros. Es una síntesis magistral y madura.

Teresa está muy al tanto de la situación doctrinal de su época. No sufre pasivamente las indicaciones de las lecturas, algunas veces reacciona, puntualiza; otras, corrige.

6. Las lecturas de santa Teresa

Teresa es desde la infancia lectora afortunada y apasionada de libros: «Era tan en extremo lo que en esto me embebía que, si no tenía libro nuevo, no me parece tenía contento» (*V* 1,1). Seguirá siendo siempre «amiga de letras» (*V* 5,3; 13,18). Más tarde recomendará a sus monjas que sean amigas de los buenos libros, que «son alimento para el alma como la comida lo es para el cuerpo». Entre los libros de la biblioteca de su padre, leerá muchas novelas caballerescas como adolescente, como hacía su madre Beatriz. En su juventud se iniciará en la lectura de algunos libros espirituales de los Padres de la Iglesia y de los autores de su tiempo, aunque al principio lo hace de mala gana. Después, de monja, su biblioteca conventual, personal, estaba nutrida, pero quedará expoliada de sus libros preferidos, con ocasión del Decreto inquisitorial de 1559 de Fernando Valdés. En las *Constituciones* señalará algunos libros de su tiempo, esenciales como alimento del alma. En síntesis: siempre fue amiga de libros, de «letras y letrados» de la cultura espiritual.

Algunos de los libros que aparecen en santa Teresa de modo explícito o implícito son:

— De los Padres de la Iglesia: las *Cartas* de san Jerónimo; el *Comentario a Job* o *Moralia* de san Gregorio; *Las Confesiones* de san Agustín, y otros opúsculos pseudoagustinianos, algunos pensamientos de san Juan Crisóstomo.

— De los autores espirituales contemporáneos: los libros de *Oración* y *meditación* de Luis de Granada, de Pedro de Alcántara, de Juan de Ávila (¿el *Audi Filia*?), los libros de Francisco de Osuna

(*Tercer Abecedario*), de Bernardino de Laredo (*Subida del Monte Sión*), de Alonso de Madrid (*Arte de servir a Dios*), de Bernabé de Palma (*Via Spiritus*); conoce escritos de otros autores, como san Vicente Ferrer.

— De los libros medievales precedentes conoce y lee *La Vida de Cristo* de Ludolfo de Sajonia, llamado el Cartujo; la *Imitación de Cristo,* el *Flos Sanctorum* y otros.

— Obviamente de las referencias implícitas y de la constatación del ambiente carmelitano en el que vive Teresa no se puede pensar que no tenga una suficiente cultura espiritual carmelitana de los libros de aquel tiempo, como el *Speculum Ordinis* con varias obras sobre los orígenes del Carmelo y su espiritualidad.

Teresa subraya en estos libros lo que más se parece a lo que ella está viviendo. De ahí pasa a escribir breves *Relaciones* para entregar a sus confesores y a personas letradas en busca de consejo. Más tarde se servirá, sobre todo, de su experiencia personal.

7. El libro vivo de Teresa: la Palabra y el Maestro

Una influencia determinante en su experiencia y en sus escritos tiene sin duda la Escritura. De ella Teresa tiene solo un conocimiento muy fragmentario, no directo y no completo. Tal vez no ha tenido nunca en sus manos una edición completa de la Biblia. El latín no lo entiende, aunque reza el Breviario y sigue la Misa con un pequeño misal. Las reminiscencias son de las citas de los libros, de las conversaciones con los teólogos, de libros como la *Vida de Cristo* del Cartujo Ludolfo de Sajonia, en la traducción castellana de A. Montesinos, confesor de la reina Isabel de Castilla, con los textos bíblicos en vernácula de la liturgia de los domingos y fiestas.

El amor de Teresa por la Biblia es proverbial. Afirma: «Porque todo el daño que viene al mundo es no conocer las verdades de la Escritura con clara verdad» (*V* 40,1). Está dispuesta a dar la vida por una sola verdad de la Escritura (cf. *V* 33,5). Ama más los Evangelios que los otros libros de oración: «Siempre yo he sido aficionada y me han recogido más las palabras de los Evangelios que libros muy concertados. En especial, si no era el autor muy aprobado, no los había gana de leer» (*CV* 21,4). Desea ardientemente conocer la Escritura para poder decir qué es la unión y expresar los misterios de la vida espiritual. Tiene, por ejemplo, el fácil recurso a la Biblia en el Comentario al Padrenuestro en el *Camino de perfección,* con una pizca de polémica: «¡Este libro no os lo podrán quitar!». Comenta en los *Pensamiento sobre el Amor de Dios* algunos versículos del *Cantar de los Cantares,* arriesgando incurrir en la censura de la Inquisición por haber hecho el comentario al libro más peligroso de la Escritura; apenas se salva la copia del manuscrito que el confesor manda quemar, por miedo a estar también él implicado en esta arriesgada aventura. El confesor parece ser fray Diego de Yanguas y sus razones son estas, al decir del P. Gracián: «*Porque pareció a su confesor cosa nueva y peligrosa que una mujer escribiese sobre los Cantares*».

Pero, en resumen, la Escritura aparece como el fondo doctrinal que inspira a la Santa. El caso del libro del

Castillo interior es expresivo y sorprende por la riqueza de su inspiración bíblica. Un rico filón que hoy ponen de relieve los estudiosos.

Junto a la Biblia, Teresa tuvo el privilegio singular de un magisterio interior del Señor, confirmado con muchas visiones, revelaciones, palabras de Cristo. Pero palabras sencillas, no discursos complicados, enseñanzas esenciales, de tono bíblico, palabras a veces humanísimas. Ella reconoce con frecuencia que el Señor ha sido su Maestro y las cosas que escribe dice que se las ha hecho entender el Maestro interior: «Y sin querer ni pedirlo (que en esto no he sido nada curiosa porque fuera virtud serlo sino en otras vanidades), dármelo Dios en un punto a entender con toda claridad y para saberlo decir, de manera que se espantaban y yo más que mis confesores, porque entendía mejor mi torpeza. Esto ha poco. Y así lo que el Señor no me ha enseñado no lo procuro, si no es lo que toca a mi conciencia» (*V* 12,6). Del amor por las palabras vivas del Maestro le viene a Teresa también el gran amor por las palabras de la Escritura.

En los altos grados de la experiencia mística cristológica y trinitaria vienen a su mente y a su pluma los textos de la Escritura más sublimes de Pablo y de Juan. Y en otros momentos, como al final de la *Exclamación* 17, brotan, como a borbotones, palabras que son estrictamente bíblicas, y se confunde entonces su expresión orante con las mismas palabras y las oraciones de la Escritura.

8. La riqueza de la experiencia personal

El recurso a la experiencia es, como fuente primaria de los escritos teresianos, la verdadera fuente de su inspiración. Experiencia muy rica y variada en la vida de una mujer abierta al saber, a comunicar, a querer aprender la verdad de las cosas; experiencia singular, mística, personal de los misterios y del modo con que Dios se da.

Un primer estrato de la experiencia teresiana es la experiencia común de la vida, con todas sus peripecias humanas: experiencia propia de los lugares donde vive, de las personas que conoce, de los teólogos que consulta. Todo resulta filtrado en el momento oportuno en su síntesis personal, llena de sentido común, de realismo cristiano y espiritual.

Otro estrato es la experiencia personal interior. Lo que sabe, lo sabe por experiencia. Ahí se radica su fuerza: «Qué diferente es oírlas y creerlas que verlas por experiencia», nos dice refiriéndose a verdades de nuestra fe.

La palabra experiencia es un término clave del lenguaje teresiano y recurre a él con frecuencia en sus afirmaciones: «No diré otra cosa que no haya experimentado mucho»; «Lo que dijere helo visto por experiencia»; «Hablaré de lo que el Señor me ha enseñado por experiencia». Y escribe con esta última sabiduría que le permite desafiar a los teólogos sobre ciertos temas o discutir con ellos acerca de algunas verdades que ahora ella sabe «por experiencia»: «Así que vuestra merced, hasta que halle quien tenga más experiencia que yo y lo sepa mejor, estese en esto» (*V* 22,13). Y comunica la propia experiencia para suscitar, en lo posible, la experiencia en el lector, visto que: «Por claro que yo quiera decir estas cosas de oración, será bien oscuro para quien no tuviere experiencia» (*V* 10,9).

9. El modo de escribir

Son diferentes las circunstancias y el modo de escribir cada libro, como aparece en la presentación de los tres libros mayores: *Vida, Camino, Castillo interior*.

El punto de partida de escribir viene de la obediencia a sus confesores en sentido formal, aunque después también Teresa goza al poder escribir y comunicar, a pesar de que a veces se lamenta diciendo que preferiría entretenerse en el trabajo hilando con la rueca y el huso: «Me lo han mandado... mucho me cuesta emplearme en escribir, cuando debería ocuparme en hilar... de esto deberían escribir otros más entendidos y no yo, que soy mujer y ruin... como no tengo letras, podrá ser que me equivoque... escribo para mujeres que no entienden otros libros más complicados...».

Ciertamente escribe sin un programa, un esquema, un croquis. No tiene ante sí libros a los que acudir, no consulta tampoco la Escritura, sino que cita de memoria, a la buena. Su escritura, con frecuencia de rodillas, sobre el «poyo» de su celda y a la luz de una vela, y con el frío clima de Ávila y de Toledo, es rápida; tiene mano firme, letra clara: escribía como un notario. Sabe escoger cuidadosamente el papel, la pluma y la tinta, especialmente cuando sospecha que el escrito debe ir a manos de otros.

Durante la composición crece su capacidad de comunicar, narra sus experiencias, divaga, conversa con el lector. Con frecuencia interrumpe el escrito, hace digresiones, se queja de tener que escribir entre mil ocupaciones de la casa y también durante los viajes. En ocasiones no usa borradores, ni tiene tiempo de repasar lo que ha escrito. Al final, sin embargo, siente una verdadera complacencia de las cosas que ha escrito. No es raro encontrar comentarios suyos como: «*Contiene una doctrina harto buena*» en los títulos de los capítulos. Y en general está satisfecha de sus libros. La *Vida* la define como una joya, una perla, su alma, el libro grande, el libro de las misericordias del Señor. Pero el *Castillo* es todavía una gema más bella y aventaja con mucho al libro de la *Vida*.

En ciertos casos la complacencia de la Santa aflora en los títulos de los capítulos de las obras, títulos escritos después de la prima redacción, invitando al lector a leer porque las cosas dichas son importantes y contienen cosas muy bien dichas (cf. *V*, c. 11-15.16.18; *Castillo* en los títulos de las V, VI y VII *Moradas*). Es típico *el Epílogo* del libro de las *Moradas* como experiencia de alegría por haber dado cima a esta obra. Su *Castillo interior* del alma ha salido bellísimo, lleno de laberintos, jardines, fuentes... Es un verdadero «castillo encantado».

También estas características de espontaneidad son importantes para hacernos entender que nos encontramos ante escritos fuera del tono académico normal; tampoco son escritos demasiado intimistas; tienen características literarias propias y sus contenidos son de gran altura espiritual.

10. Los recursos de Teresa al escribir

Teresa escribe a partir de su experiencia y de su preparación literaria inicial. En ciertos momentos siente que su capacidad se bloquea, como al comienzo del libro de las *Moradas,* pero después lo reanuda con fuerza. En determinados momentos ella misma confiesa que se siente capaz para decir las cosas con una cierta facilidad y efusión. A veces en los testimonios de las monjas se llega hasta a exagerar diciendo que algunas de las páginas del *Castillo interior* se han escrito con el rostro inundado de luz y hasta que se han encontrado escritas milagrosamente... Estamos ante exageraciones.

Que en la base de su expresión se pueda encontrar una cierta gracia o carisma sobrenatural en saber decir las cosas de Dios es evidente. Pero esta gracia se debe también a una preparación personal y a una serie de recursos característicos que forman el estilo literario espiritual teresiano.

Tomás Álvarez indica claramente tres grandes filones expresivos que caracterizan el estilo literario teresiano: a) Una especie de ideario muy concreto que responde a convicciones básicas; b) el recurso a las imágenes; c) la inmediatez y el sentimiento efusivo de su expresión con el recurso al diálogo, al soliloquio y a la oración.

a) El *ideario teresiano* está compuesto por un modesto repertorio de ideas base que en forma de conceptos clave condensan en palabras y frases su enseñanza. La Santa no tiene un sistema de pensamiento, ni un bagaje precedente de cultura de libros o de nociones universitarias de la teología de la época, aun no ignorando algunas generalidades. Por eso evita los enunciados abstractos y con realismo plasma en pocas palabras las ideas fundamentales.

Las tesis teresianas son: la caducidad de la vida (todo pasa); el valor absoluto de Dios (solo Dios basta); la presencia de Dios en todas partes; la persona humana como morada de Dios, hecha a imagen y semejanza de Él, capaz de Dios y llamada al diálogo con Él. Teresa es decidida en sus convicciones sobre la humanidad de Cristo, sobre el valor de la doctrina y de los ritos de la Iglesia, sobre el valor del apostolado (dar la vida por una sola alma); o sobre la coherencia necesaria entre vida de oración y ascesis: «Regalo y oración no se compadece» (*CV* 4,2).

Aborrece las devociones estúpidas, «de devociones a bobas nos libre Dios»; critica y se burla de la mixtificación de los aturdimientos hechos pasar como raptos (abobamientos-arrobamientos). Los conceptos fundamentales de la vida espiritual adquieren así realismo y concreción: la gracia es el agua viva de la samaritana, o Dios que se comunica a la persona; el alma es el palacio de Dios; el corazón, el trono de Dios; la persona humana es un castillo interior; la eternidad es la percepción del «para siempre, siempre» de cuando era niña; la oración es «tratar con Dios», una divina amistad; la fortaleza es la firme decisión de seguir a Dios; el amor se demuestra con las obras; la humildad es caminar en la verdad; el camino de la oración lleva a hacerse de la condición de Dios, a ser «siervos del amor»; los santos son «los olvidados de sí» y los contemplativos son los que están «presentes y con ganas de servir».

b) El recurso a las imágenes, los símbolos y las alegorías es esencial para dar a su exposición concreción y plasticidad. Tenemos una teología simbólica y una estética teológica de la vida espiritual. Todos los grandes libros giran alrededor de simbologías estructurales: el jardín del alma (*Vida*), el camino hacia el agua viva y el itinerario de la perfección (*Camino*), el *Castillo interior*. Pero después se cruzan otras numerosas imágenes complementarias, como en el *Castillo* cuando recurre a las dos fuentes, al gusano de seda, a la alegoría matrimonial.

Los símbolos teresianos están tomados de la naturaleza o de la sociedad y encuentran frecuentemente una referencia en la Biblia. No son fantasiosos. Impresionan por la inmediatez y tratan de expresar lo inefable, lo inexpresable, lo que es vital y no solo conceptual. Teresa trata de provocar la experiencia, encantar al lector ante las maravillas de Dios en la naturaleza y en la vida de la gracia. Prefiere los símbolos del agua, las metáforas militares, algunas maravillas de la naturaleza o de la vida humana.

c) La efusividad de la autora en sus libros es también un recurso muy de acuerdo con su sentimiento de amistad y de intimidad al diálogo con el posible lector y con Dios. Teresa desea contagiar, estimular, engolosinar al lector, casi plasmando con verdadera unción espiritual en el escrito las mismas realidades que está viviendo, y comunicando con las ideas, en un intenso diálogo afectivo-amigable la misma vida divina que está abierta a todos. Es convicción suya que Dios quiere entregarse a nosotros sin medida, como concluye el libro de la *Vida*. Es típico de la Santa su modo inmediato de comunicar, testimoniar, pasar a la pluma lo que son sus experiencias íntimas, para que el lector participe de ellas y se convierta en uno de los nuestros, uno del círculo de «los amigos de Dios».

11. Aspectos característicos de la redacción de los escritos

11.1. El género coloquial

Desde el punto de vista literario y doctrinal, los escritos teresianos no se configuran como escritos de reflexión o de exposición, sino más bien como narración y conversación. Se ha dicho que son una larga carta escrita a sus amigos o una amigable conversación sobre Dios y sobre las cosas de Dios cerca de la lumbre de la casa. Conservan por tanto el estilo, la efusividad, la inmediatez de la comunicación del género epistolar y de la nota coloquial.

Este estilo narrativo, el arte de contar la propia experiencia, hoy recuperado en el ámbito de la teología narrativa, explica el estilo triangular con el que los escritos teresianos entretejen la referencia a ella misma, la escritora, implicada en la aventura de escribir y narrar; la atención al lector, que es siempre concreto, aun sabiendo que podrá ser también cualquier lector eventual del escrito.

11.2. El sello femenino

Siguiendo algunas consideraciones sobre el estilo característico de la redacción de las obras en femenino, se pueden encontrar en santa Teresa esas notas que las estudiosas del estilo femenino ponen de relieve:

a) El estilo biográfico que surge, aun con el debido anonimato, en todas las obras, lejos del intelectualismo abstracto.

b) La tendencia a lo concreto en la exposición de los temas, en el coloquio con el lector, en el recurso a la imágenes y a las realidades de la vida cotidiana.

c) La sensibilidad por el relato histórico aunque sea parcial, que evita las generalizaciones y las reflexiones omnicomprensivas. Es significativo el relato de su propia vida, la adhesión a la historia de sus fundaciones, comenzando por la de San José de Ávila.

d) El tono de *interioridad* y de resonancia espiritual, tan característico de las obras teresianas, desde la *Vida* hasta el *Castillo,* donde una lectura en femenino pone en evidencia las dimensiones de la vivencia interior: castillo, estancias, agua viva, transformación...
e) El fuerte acento de la actitud de comunicación-relación que se manifiesta en el diálogo vivo con los lectores y las lectoras.

Temas para la reflexión y el diálogo

- Los escritos de Teresa son una larga carta escrita para sus amigos; una conversación sobre Dios, en un clima de familia.

  ¿Te sientes protagonista leyendo las obras de Teresa?

- A pesar de ser una doctora e insigne mística, los escritos de Teresa de Jesús tienen muchos accesos que facilitan y hacen posible un diálogo intelectual y cordial con ellos. Hay que dejarse contagiar por sus escritos.

  ¿Por qué crees que el lector de Teresa la siente tan cercana?

- Teresa sabe que en los «tiempos recios» de la época, la Escritura es la única garantía que da seguridad a la fe y anchura al corazón que se lanza a la contemplación.

  ¿Cómo va descubriendo Teresa la importancia del Evangelio en su vida? ¿Qué pasos de la Escritura prefiere?

- La experiencia es el terreno firme donde Teresa sabe que su palabra es certera. Sabe distinguir de forma precisa entre la ciencia que de Dios pueden tener los letrados de su tiempo y la sabiduría que procura la experiencia contemplativa del Misterio (cf. *V* 34,12): «No está la cosa en pensar mucho, sino en amar mucho» (*4 M* 1,7; cf. *F* 5).

¿Qué rasgos posee la experiencia mística de Teresa?

- En la vivencia de la experiencia mística de Teresa, podemos distinguir tres pasos: el don de recibir la gracia; la conciencia de haberla recibida y, finalmente, comunicarla.

  En tu modo de entender y vivir la experiencia espiritual, ¿respetas este proceso?

Capítulo quinto

LA TRILOGÍA DE TERESA

Los escritos de Teresa son un fiel reflejo de su persona y el mejor camino que tenemos para conocerla. Lo hacemos presentando sus tres obras más significativas.

1. El libro de la *Vida:* un libro íntimo, místico y carismático

Una «joya». Así, en lenguaje cifrado y con una cierta satisfacción, ha definido Teresa su libro cuando estaba todavía en las manos de la Inquisición. Esta «joya» en la que Teresa ha volcado su vida hasta definirla también como «mi alma».

El libro de la *Vida* de Teresa de Ávila se escribió originalmente para un círculo reducido de amigos íntimos, confesores y discípulos. Nació humildemente de la obediencia a sus confesores, para aclarar las primeras experiencias sobrenaturales desconcertantes de Teresa, vistas en contraluz a partir de su vida religiosa de relativa tibieza en el monasterio de la Encarnación. Comienza como una larga y prolija confesión de sus propios pecados: «Comencé a tratar de mi confesión general y poner por escrito todos los males y bienes, un discurso de mi vida lo más claramente que yo entendí y supe, sin dejar nada por decir» (*V* 23,15); termina por ser un magnífico canto de las maravillas del Señor, el «*Libro de las misericordias del Señor*», como quiso titularlo la autora. Es chocante el pequeño prólogo del c. 23 en el que Teresa retoma el relato de su vida: «[Comienza] Otro libro nuevo de aquí adelante, digo otra vida nueva. La de hasta aquí era mía; la que he vivido desde que comencé a declarar estas cosas de oración, es que vivía Dios en mí» (*V* 23,1). A partir de este capítulo asistimos al relato de las maravillas de Dios en la vida de Teresa.

La reserva inicial y el profundo sentido de amistad de Teresa, su capacidad de efusión y de comunicación han dado a este libro el tono de «confesión íntima», «diálogo confidencial», «larga carta» a un amigo. Desde la primera página se entra en el santuario de una experiencia de Dios, contada con intensidad de participación psicológica. Azorín, el gran literato español del siglo pasado, definió este libro como «el más profundo, denso y penetrante que exista en todas las lenguas europeas». El lector debe traspasar el umbral de esta intimidad, dejándose subyugar por la franqueza del testimonio desde las primeras líneas; se puede considerar como un afortunado y confidente amigo de Teresa hasta percibir, en el milagro de la contemporaneidad con ella que permite la lectura de estas páginas, la sintonía con el latido de su corazón.

El libro de la *Vida* es sobre todo un testimonio. El relato minucioso de los hechos cede el lugar a la visión global de algunos momentos característicos de la existencia en los que la relación con Dios se contiene o crece. Todo tiene una perspectiva netamente religiosa. Teresa quiere ilustrar de qué modo Dios ha tratado desde siempre de realizar en ella una historia de salvación y cómo, finalmente lo ha logrado a pesar de todas las resistencias y las caídas.

Las páginas más significativas de este relato se han redactado a fuego, bajo la fuerza de una experiencia sobrenatural, y narran hechos que superan la vivencia cristiana ordinaria. En nuestros días pasan demasiadas cosas con la etiqueta de hechos místicos o carismáticos, desde los relatos de parapsicología hasta experiencias esotéricas de religiones orientales, fáciles visiones y presuntas revelaciones y fenómenos religiosos comunitarios de exaltación. Nada de esto aparece en el relato de la *Vida* de Teresa. Mística sí, pero de la verdadera, es decir, la experiencia de Dios en Cristo y en su Espíritu, en perfecta sintonía con la fe revelada; una mística vivida en el dinamismo de la psicología y de los sentimientos humanos, pero continuamente pasada por el discernimiento de las obras, de las virtudes, de los efectos que hacen de lo místico la plenitud del hombre en equilibrio humano, en dinamismo de caridad y de obras.

Ciertas páginas pueden turbar al lector o dejarlo escéptico y suspicaz, si no acepta por delante la vibrante sinceridad con la que se han escrito. En este libro se encuentran con abundancia relatos místicos, páginas ardientes de coloquio con Dios, experiencias sobrenaturales, no en los primeros metros de la playa, sino en alta mar, en el hermoso centro de la lectura. Se ofrecen como un testimonio del Dios verdadero que realiza maravillas, de la fuerza de la gracia que penetra en el hombre. La lectura pide silencio al penetrar en esta tierra sagrada, escucha del testimonio y del mensaje. La gracia del místico, de un modo particular, es hablar de Dios y darle testimonio con palabras de fuego. El carisma de Teresa, como mística en la Iglesia, es hablar de Dios como lo ha experimentado.

Es también un *escrito carismático*. Teresa cuidó la última y definitiva redacción del libro en la paz del pequeño monasterio de San José de Ávila, fundado en agosto de 1562, arropada por el clima carismático de los comienzos de la Reforma. Lo escribió, como ella nos recuerda, «casi hurtando el tiempo, y con pena porque me estorbo de hilar, por estar en casa pobre y con hartas ocupaciones» (*V* 10,7). En su redacción definitiva, Teresa añade los últimos sucesos y las ultimísimas gracias, especialmente la historia de la fundación del monasterio de San José de Ávila, maduro fruto eclesial de su vida hecha ya fecunda para la Iglesia. Teresa había quedado tan prendada con el relato de esta historia fundacional, que quería, a toda costa, que en la hipótesis de que su escrito se hiciese desaparecer, se conservase, al menos, la historia de la fundación del monasterio de San José.

Para hablar de Dios dignamente hay que estar invadido por una fuerza superior, por el Espíritu, como los profetas y los apóstoles. Teresa sintió en un determinado momento que su pluma adquiría flexibilidad para transmitir experiencias inefables, difícilmente documentables: fuera, por tanto, del lenguaje común. Su pensamiento se desató para entender la gracia que Dios le concedía y para transmitirla en la comunicación dialógica de su escrito (cf. *V* 14,8;17,5). El recurso a símbolos e imágenes, la efusividad de la comunicación amigable, el tejido de páginas que son oración porque son coloquio con Dios, favorecieron esta trasmisión de lo inefable hasta desbordarse en confidencias. Este don insospechado hizo a Teresa consciente del destino providencial de su experiencia: escribir para comunicar, para contagiar, para excitar el apetito poniendo el azucarillo en la boca, para arrastrar dulcemente a los otros en la misma aventura como ya ella había sido apresada y llevada por Dios por medio del camino de la oración.

El lector, convertido ya en amigo y confidente de Teresa, debe dejarse envolver por la fuerza de la comunicación, estar al juego de la que quiere arrastrarlo con la fuerza del propio testimonio a una fuerte experiencia de Dios. En el fondo, Teresa es consciente de que su vida sirve de espejo de lo que Dios quiere hacer con todos, partiendo de la primigenia revelación de sí mismo como Creador y Padre, como amigo de los hombres; es una invitación a la interioridad, a emprender con el camino de la oración la tarea de convertirse en «amigos fuertes de Dios» (*V* 15,5), y «siervos del amor» (*V* 11,1).

Teresa, mujer de grandes amistades, como aparece en este libro, es consciente de que el círculo de los amigos de Dios se amplía por oleadas, porque «crece la caridad con ser comunicada» (*V* 7,22).

La lectura del libro de la *Vida* no es fácil. No lo es el estilo de Teresa, lleno de divagaciones, diálogo abierto en el que a veces las ideas y los temas se superponen en un desordenado «coloquio», como con frecuencia ella misma reconoce. No lo es el argumento, especialmente en las partes más estrictamente doctrinales y en el relato de las experiencias místicas. La lectura, por tanto, exige esfuerzo, perseverancia, capacidad de escucha y sintonía, que en el momento oportuno reciben el premio de una cada vez más profunda comprensión.

El libro de la *Vida* se puede estructurar en cuatro partes:

— Caps. 1-10: infancia y juventud; conversión y vida nueva.

— Caps. 11-22: tratadito sobre la oración; alegoría del huerto; Cristo.

— Caps. 23-31: continuación de la narración de su vida y primeras experiencias místicas.

— Caps. 32-40: fundación de San José y nuevas gracias místicas.

Al terminar el trabajo, Teresa sintetizó personalmente el contenido de cada capítulo, haciendo con frecuencia una valoración de la doctrina que en él se contiene; puede ser una buena clave de lectura que debe completarse con las notas al texto que aclaran alusiones y pasajes de difícil interpretación.

La larga permanencia del autógrafo en la Inquisición fue providencial. Se amplió el círculo de lectores con autoridad, que se hicieron pronto amigos y discípulos de la Madre: ellos favorecieron la resonancia eclesial de esta confesión hecha para la intimidad de los amigos; mientras tanto se descartó la idea de un complemento del libro de la *Vida* y en 1577, por orden del padre Gracián, Teresa escribió su obra de arte, complemento y reedición del libro de la *Vida,* con una autonomía propia y con especiales y espléndidos valores: el *Castillo interior.*

2. El *Camino de perfección:* un libro accesible y pedagógico

Con el libro de santa Teresa que lleva el sugestivo título de *Camino de perfección,* aun siendo contemporáneo de la redacción última del libro de la *Vida,* nos encontramos en un momento y en un clima diverso de la autobiografía teresiana. La Santa es ya fundadora, madre e maestra de una comunidad de monjas a la que debe transmitir un espíritu, un carisma, como se diría hoy. Vive en la paz del monasterio de San José donde comparte con las monjas los momentos privilegiados de la primera fundación en la sencillez y en la luz de los comienzos carismáticos; una vida marcada por una fuerte carga carismática y evangélica, transida de florecillas y de fervor sencillo, animada por el amor por la Iglesia. Reina en el monasterio un profundo clima contemplativo y una clara vida de fraternidad evangélica. En este clima Teresa escribe su segundo libro. Responde así a la petición de sus monjas para que deje asentadas sus enseñanzas acerca de la oración: «Me han importunado tanto les diga algo de ella, que me he determinado a las obedecer, viendo que el amor que me tienen puede hacer más acepto lo imperfecto» (*CV* prólogo 1).

El *Camino de perfección* es tal vez el libro más conocido y accesible entre los escritos teresianos. Se recomienda por su sencillez y por el carácter pedagógico de sus páginas; no se encuentran en él efusiones místicas ni fenómenos sobrenaturales; la Santa, también en la explicación de los grados de la oración, se detiene en las formas más sencillas, en el umbral de las oraciones místicas.

Haber planteado buena parte del libro sobre la pedagogía de la oración con un comentario del Padrenuestro ha hecho más cercano el libro, más impregnado de carácter evangélico; alguna vez el libro ha sido llamado el *Libro del Pater Noster,* o se ha publicado solo con la parte del *Comentario al Pater*. De ordinario se ha leído solo en los círculos teresianos más que otros libros de la madre Teresa. Queda por tanto caracterizado por su estilo pedagógico, por su contenido ascético sobre la vida religiosa y sobre la oración; lleva el sello del estilo típicamente familiar de conversación con las primeras destinatarias, las monjas de San José de Ávila, que fueron también las primeras que pidieron y leyeron la obra.

Es un libro ascético en el que la Santa expone los comienzos de la vida espiritual con las exigencias típicas de la ascesis evangélica, especialmente en la vida religiosa, comunitaria y contemplativa. Es también un libro pedagógico que transfunde la experiencia de la vida de oración de la Santa pero con un marcado acento familiar. Es así mismo un tratado sobre la vida cristiana a partir de la vía típicamente teresiana que es la de la oración.

Y sin embargo no es un libro sencillo. Más aún, los análisis recientes del libro y del momento histórico en el que se escribió, han descubierto en este escrito, ingenuo en apariencia, un tratadito polémico que se pronuncia sobre temas candentes del momento espiritual y sufre la censura; lo prueba la larga historia de su redacción. La composición del manuscrito debe fijarse hacia el año 1565-1566, después de la segunda redacción del libro de la *Vida.*

En poco tiempo, atada por mil ocupaciones de la vida doméstica del nuevo monasterio, la Santa redacta con vigor su libro, con escritura corrida, aunque a veces apresurada, con la mayor espontaneidad que le permite el estilo coloquial y la confianza de las lectoras a las que se dirige. En pocos meses acaba su obra, aunque no logra satisfacer su deseo de comentar junto al Padrenuestro también el Ave María, como había programado.

La Santa valientemente entra en pleno diálogo con la cultura de su tiempo y con la actualidad espiritual del momento y dice su palabra sincera y autorizada. Teresa, por tanto, se mete en la boca del lobo y afronta temas candentes: el valor apostólico de la vida contemplativa y la aptitud de las mujeres para la oración mental; la necesaria unidad entre oración vocal y mental; la peligrosidad que algunos ven en los libros que enseñan la oración mental.

Pero este libro suyo, en la primera redacción, cuyo autógrafo se encuentra en El Escorial (*CE*), no saldrá indemne de la censura. La Santa, en la segunda redacción, cuyo autógrafo se encuentra en Valladolid (*CV*), toma de nuevo el trabajo, acepta la censura y se pone de nuevo a hacer una nueva redacción, teniendo en cuenta las correcciones introducidas. Mejora la caligrafía, redacta con mayor nitidez y escribe con renovada atención y mayor precisión aunque con menor espontaneidad. Pero no solo corrige, agrega y precisa algunos temas, entre estos mejora la redacción de algunas páginas que se refieren a la libertad de conciencia y el verdadero amor por los confesores; la pedagogía del amor puro y la ascesis de la afectividad (tema delicado y audaz, del que no se encuentra referencia en otros libros de su tiempo); las exigencias y los requisitos para admitir a la profesión a las monjas; la oración de recogimiento y de apacibilidad; la eficacia santificante de la oración perfecta.

El *Camino de perfección* sigue siendo un punto de referencia para la teología de la vida religiosa y contemplativa y para la pedagogía de la oración. Un libro que no envejece, accesible a todos, aunque necesitado siempre de una guía de lectura y de una introducción doctrinal. Un libro que también hoy se pone como punto de confrontación con otros métodos de oración, para comprobar la autenticidad de las orientaciones pedagógicas y los criterios de discernimiento de toda auténtica búsqueda de Dios a través de los caminos de la oración evangélica.

El tema central del libro es la teología y la pedagogía de la oración cristiana, como aparece desde el Prólogo del libro (*Prol.* 1). Sobre este argumento había escrito ya la Santa su tratado (*V* cc. 11-22). Esta vez la Santa no se repite; más aún, con una pizca de originalidad, expone la doctrina de una forma más pedagógica y llana, evitando introducirse por los grados místicos de la oración como había hecho en *Vida,* e ilustra mejor la pedagogía, los frutos, las exigencias de la vida de oración, a la luz de las perspectivas precisas de la vida contemplativa de sus hijas, pero con un ritmo más amplio.

En efecto, partiendo de la tesis de que la vida de oración constituye el ideal de la vida contemplativa de sus monjas al servicio de la Iglesia, la Santa hace su apología e ilustra el fundamento eclesial de esa propuesta de vida. Y en este punto parece que hay ya una tesis original, aceptada por la Iglesia, pero no tan clara en los tiempos de la Santa: el valor apostólico y eclesial de la vida contemplativa. Pero esto no supone solo rezar sino ser contemplativos de verdad, «ser tales». Se deduce que la vida de oración requiere una vida de santidad coherente mediante una ascesis de la vida contemplativa. Y de esas exigencias coherentes y frutos de la vida contemplativa, la Santa presenta una síntesis. De ese modo el *Camino de perfección* se presenta como un libro sobre la oración y un libro de ascesis y de la vida religiosa comunitaria.

La doctrina de la vida religiosa no se plantea tanto sobre los votos, sino sobre ciertas exigencias fundamentales de las virtudes evangélicas, de manera que el mensaje gana en amplitud, con hermosas páginas sobre la pobreza, la amistad-caridad, el desprendimiento, la humildad-obediencia.

La parte central del libro que se refiere a la oración, comienza con una premisa necesaria de vida ascética y una parte de larga explicación pedagógica, centrada en el comentario al Padrenuestro, que resulta así un tratado de oración y de vida.

El tema central por tanto es la oración. Oración que requiere virtudes evangélicas, sólidas y totales. En este contexto es necesario leer también algunos capítulos que hacen de puente entre el tratado sobre la ascesis de las virtudes y los capítulos sobre la oración y que ofrecen una síntesis doctrinal más que sobre la contemplación en abstracto, sobre la persona que es verdaderamente contemplativa.

En síntesis el *Camino de perfección,* tomando como punto de referencia la segunda redacción (*CV*), puede dividirse en estos bloques:

— cc. 1-4: el ideal de la vida contemplativa al servicio de la Iglesia.

— cc. 4-16: ascesis y virtudes necesarias para la vida de oración.

— cc. 16-42: el camino de la oración.

— cc. 16-26: exigencias de los contemplativos y sentido de la oración.

— cc. 27-42: el camino de la oración en el Comentario del Padrenuestro.

En esta visión hay que observar que algunos capítulos son de frontera, como el capítulo 4, que cierra un argumento y comienza otro; o también los capítulos

16-18, que personalizan el tema de la contemplación hablando de las exigencias de los contemplativos; o el capítulo 26, que propone el método de la oración y se abre ya a la meditación de las palabras del Señor en el Padrenuestro.

El *Camino de perfección* es un libro rico y estimulante. Ayuda a captar las exigencias de la vida cristiana a través del camino de la oración, la vía de la oración evangélica. Hace accesible el mensaje contenido en la esfera autobiográfica en el libro de la *Vida*. Ayuda a entender el sentido del itinerario espiritual de las moradas del *Castillo interior*.

3. El *Castillo interior* o *Moradas*: la joya doctrinal y mística de Teresa

El *Castillo interior* (*CI*), o libro de las *Moradas* (*M*), forma con *Vida* y *Camino* la trilogía de las obras mayores. Supone el libro de la *Vida* como base de la experiencia y el *Camino* como tratado de algunos aspectos de la vida ascética y de la pedagogía de la oración.

El *CI* es fruto maduro de la plenitud de vida espiritual de la Santa. Se escribió en 1577, cuando Teresa tenía 62 años, por obediencia al padre Gracián, que era el visitador de los descalzos y calzados de Castilla y Andalucía. Es una obra que escribe a gusto. Han pasado ya 15 años desde la primera redacción del libro de la *Vida*. El padre Gracián le pide que deje a sus hijos e hijas un libro con las enseñanzas de la oración. Ya Teresa había manifestado el deseo de completar el libro de la *Vida* que estaba en la Inquisición. Había solicitado una copia al obispo de Ávila. Pero no obtiene nada. En realidad Teresa teme que se pierda su libro: «Oh qué bien descrito está —confiesa Teresa a Jerónimo Gracián— este punto en el libro de mi *Vida* que ahora yace bajo la Inquisición». Y Gracián responde: «Como no podemos disponer de él, vea de pedir a la memoria cuanto de él recuerda, por ejemplo con otras cosas nuevas, y escriba otro libro exponiendo sus contenidos doctrinales en forma genérica, sin nombrar siquiera a la persona a la que le han sucedido los fenómenos que se narran en él». Así Teresa dio comienzo al libro de las *Moradas*.

Con el libro de las *Moradas,* Teresa crea una bella historia entre una dama (ella misma, que tan bien conoce y tanto cita) y el caballero enamorado (Dios). Es la historia de Dios que enamora al alma hasta llevarla a la unión plena con Él, al matrimonio espiritual. Una historia para ser contada y recordada por sus lectores.

El *Castillo* es un espacio de libertad y deleite en el que el lector/orante no necesita ninguna licencia para entrar: «Me parece que os será consuelo deleitaros en este castillo interior, pues sin licencia de las superioras podéis entraros y pasearos por él a cualquier hora» (*M* epílogo).

En este tiempo Teresa tiene que afrontar diversas batallas: desde Piacenza sale la orden de que se detengan todas las fundaciones descalzas y de que Teresa se recluya en el convento que ella elija, a manera de cárcel. Teresa teme, sobre todo, por la suerte de sus frailes descalzos, su preocupación dominante en estos últimos 15 años de su vida. Serán batallas que Teresa acometerá con espíritu de fe.

En su vida espiritual, desde noviembre de 1572, Teresa vive en la plenitud de la vida cristiana con la gracia del matrimonio espiritual e intensas gracias trinitarias y cristológicas, documentadas en las *Relaciones*.

En este período tuvo la fortuna de tener consigo, como maestro, a san Juan de la Cruz, para entender mejor las cosas del espíritu. Es por tanto en ese estado, en el matrimonio espiritual, cuando escribe el libro. Pasarán todavía otros cinco años antes de que se consume la aventura espiritual de Teresa, con su muerte en Alba de Tormes. Pero en todo caso, las páginas seguras y límpidas de las *séptimas moradas* documentan en qué estado vive y cómo seguirá viviendo hasta su muerte.

Esta anotación es importante no solo por la visión que ofrece de la vida cristiana desde las primeras moradas, sino también por el testimonio lineal y lúcido que ofrece desde los vértices de la vida cristiana en las séptimas, con un estupendo realismo evangélico del vivir en plenitud la comunión trinitaria y el servicio apostólico, como lo documentan el texto de las *Cartas* y las *Fundaciones*.

No se trata de un libro sencillo de avisos sobre la oración, sino de un espléndido tratado de teología mística. No vale solo para las monjas a las que, por otra parte, se dirige, sino que tiene una amplia perspectiva universal. Se puede caracterizar como tratado de teología mística, libro de teología espiritual y desarrollo original de la antropología teológica.

Como *libro de teología mística* propone la visión del misterio de la vida cristiana y de sus dinamismos, partiendo de una rica experiencia mística de la vocación cristiana, con todos sus componentes: gracia, pecado, presencia y mediación de Cristo, cima de la vida trinitaria del cristiano... Sin embargo, esta experiencia viene pasada a través del discernimiento de la verdad objetiva, especialmente de la Biblia, y de la vida concreta, de modo especial de los efectos de transformación de la persona.

En cuanto *libro de teología espiritual,* debe advertirse que Teresa lo llamó en principio «tratado»; y se presenta como un modo de hacer teología dinámica de la experiencia espiritual y de la vida de gracia. En este tratado pone el acento en los protagonistas: Dios, Cristo, la persona humana; privilegia como base de desarrollo la vida de oración o relación vital y amigable con Dios en sentido personalista, aunque no es solo un tratado de oración; indica la progresividad o el dinamismo de este camino cristiano con las etapas sucesivas, los compromisos de vida cristiana, las exigencias de Dios y la progresiva y efectiva transformación de la persona. En este sentido es tal vez uno de los primeros tratados de teología espiritual. En efecto, partiendo desde la propia experiencia, se propone un esquema o paradigma de la vida espiritual cristiana en dinamismo de crecimiento, hasta la conquista del vértice de la santidad en la Iglesia. El punto de partida es el límite: el pecado; y el vértice de la santidad es la transformación perfecta de la vida en Cristo, la comunión trinitaria y el pleno servicio apostólico en la Iglesia.

Es también un *libro de antropología teológica.* En el centro de todo el libro del *Castillo interior* encontramos a la persona humana con su vocación y su destino, sus posibilidades concretas de realización en Cristo. Se trata de una verdadera antropología en cuanto que el libro se abre con la visión de la vocación del hombre en la doble realidad de su destino divino y de su situación existencial de pecado. Y de antropología teológica se trata cuando se abre a la realización de la vida en Cristo y en el Espíritu a través de los dinamismos de la oración y de la ascesis, de la unión con Dios y de las virtudes teologales y morales, y ahí alcanza las altas cumbres de la santidad. La persona viene descrita en una efectiva y progresiva transformación — las siete moradas — hasta alcanzar la imagen del hombre nuevo en Cristo, con una poderosa interioridad y una gran capacidad de servicio eclesial.

Temas para la reflexión y el diálogo

- El lector, amigo y confidente de Teresa, se deja llevar por la fuerza de su comunicación y se contagia de la vivencia de la experiencia de Dios.

  ¿Por qué crees que Teresa es creíble en lo que cuenta?

- La parte más profunda del libro de la *Vida* se refiere a las «mercedes» de Dios. Con lenguaje espontáneo, narra su convicción de que en la vida lo más importante es Dios.

  ¿Qué significado puede tener esta «naturalidad» de ver a Dios como centro de todo, en la vida de hoy?

- El *Camino de perfección* describe un ideal de vida cristiana: a través de la oración llegar a la comunión con el Amado y al servicio eclesial realizado con humildad (cf. *CV* 17; *V* 13,2).

  ¿Por qué crees que Teresa, narrando su personal «camino de perfección», hace que el lector se cuestione acerca de su propia historia de salvación?

- Teresa de Jesús, ya en el atardecer de su vida, al sintetizar su experiencia de Dios, escribió el precioso libro de las *Moradas*. Ahí describe magistralmente este proceso de interioridad: «Consideremos nuestra alma como un castillo todo de un diamante y muy claro cristal, adonde hay muchos aposentos... y en el centro y mitad de todas estas tiene la más principal, que es adonde pasan las cosas de mucho secreto entre Dios y el alma» (*1 M* 1.3).

¿Por qué desea Teresa que todo orante comience trabajando en su propio autoconocimiento?

- Intenta hacer un ejercicio de identificación con el *Castillo interior* y el momento actual que vivimos.

Capítulo sexto

LA ORACIÓN: HISTORIA DE AMISTAD CON DIOS

La oración es el carisma de santa Teresa en la Iglesia, su enseñanza específica. Lo subrayó Pablo VI al conferirle el título de Doctor de la Iglesia y motivando la actualidad de su mensaje con estas palabras: «Adornada con este título magisterial (queremos que) ella tenga una misión que cumplir más acreditada, en su Familia religiosa y en la Iglesia orante y en el mundo, con su mensaje perenne y presente: el mensaje de la oración». Decir que la oración es el carisma de Teresa en la Iglesia no es solo afirmar que es una especialidad suya, sino sobre todo aseverar que es este su don de gracia, su servicio eclesial, ayer y hoy. Pero debe subrayarse que la oración cristiana, de la que Teresa posee la clave de comprensión, es personal, silenciosa, contemplativa, capaz de hacer la síntesis de la respuesta total a Dios en la vida cristiana, punto de convergencia de la totalidad de la experiencia religiosa en Cristo.

Hoy, por fortuna, la oración está de extrema actualidad en la Iglesia y se está valorizando al máximo la búsqueda de la oración contemplativa o de la contemplación cristiana. Una oración no enajenante, sino fuertemente personalizada y abierta al compromiso. Se apunta hacia una coherencia de valores y de actitudes que compongan la unidad de la oración como polarización total hacia Dios, plenitud de verdad en el hombre, y capacidad de apertura y de compromiso hacia los otros. Teresa de Jesús enseña propiamente este tipo de oración-vida, educa en la contemplación en cuanto actitud global de cristianos maduros que son «contemplativos» en un sentido muy preciso: «Santa era santa Marta, aunque no dicen que era contemplativa. Pues, ¿qué más queréis que poder llegar a ser como esta bienaventurada, que mereció tener a Cristo nuestro Señor tantas veces en su casa y darle de comer y servirle y comer a su mesa?» (*CV* 17,5).

En la actual variedad de expresiones de la oración personal, con peligrosos vaivenes entre una superficialidad emotiva y la búsqueda de la interioridad psicológica, Teresa, que apunta claramente a Cristo como clave de la oración cristiana, nos ofrece una enseñanza global, rica y abierta, con la que harían bien a cotejarse todas las experiencias de oraciones hoy en la Iglesia, de manera especial en lo que se refiere al sentido de crecimiento y la maduración de la experiencia contemplativa, la razón de las obras y la unidad de vida del cristiano.

1. El concepto de oración como amistad con Dios

Entre las muchas definiciones o descripciones de la oración cristiana ofrecidas por los tratados de teología espiritual, se encuentra la que ofrece Teresa en el libro de su *Vida* 8,5. Aunque no es técnicamente una definición, encierra en sí una serie de elementos que la hacen sumamente interesante. Pero si no se quiere trivializar el concepto teresiano o interpretarlo subjetivamente, hay que realizar una sencilla exégesis y exposición, partiendo del mismo texto original español.

El contexto en el que se incluye la definición de la oración teresiana es significativo. En el c. 7 de la *Vida,* Teresa ha descrito con acentos dramáticos su situación de crisis religiosa en el monasterio de la Encarnación; crisis que tiene como causa también el mantenimiento de amistades humanas que Dios abiertamente desaprueba; pero, paradójicamente, Teresa afirma su soledad más oscura en la esfera de una amistad espiritual que la devuelva al buen camino. Entre la amistad humana y la búsqueda de solidez espiritual, Teresa se mantiene en pie con la práctica de la oración; práctica aprendida desde joven, cultivada con amor, premiada por Dios con gracias interiores; pero oración que pasa por altos y bajos en su vida espiritual; dejada aparte durante un período de tiempo, recuperada penosamente durante un largo tramo de su vida, entre luchas y desiertos. En la fidelidad a la oración, a la amistad con Dios, está la clave del éxito: la oportunidad de una conversión como gracia concedida por el mismo Cristo.

En esa precisa circunstancia, que preludia el relato de su conversión, Teresa coloca una apología de la oración en la que vuelca su testimonio personal, dirige una invitación urgente, expresa la definición y las exigencias de esa oración de amistad, para desembocar finalmente en una oración dirigida a Dios. Este es el texto en la traducción más conocida de este pasaje de santa Teresa: «[Sobre la oración mental] De lo que yo tengo experiencia puedo decir, y es que por males que haga quien la ha comenzado, no la deje, pues es el medio por donde puede tornarse a remediar, y sin ella será muy más dificultoso. Y no le tiente el demonio por la manera que a mí, a dejarla por humildad; crea que no pueden faltar sus palabras, que en arrepintiéndonos de veras y determinándose a no le ofender, se torna a la amistad que estaba y hacer las mercedes que antes hacía y a las veces mucho más si el arrepentimiento lo merece.

Y quien no la ha comenzado, por amor del Señor le ruego yo no carezca de tanto bien. No hay aquí que temer, sino que desear; porque, cuando no fuere adelante y se esforzare a ser perfecto, que merezca los gustos y regalos que a estos da Dios, a poco ganar irá entendiendo el camino para el cielo; y si persevera, espero yo en la misericordia de Dios, que nadie le tomó por amigo que no se lo pagase; que no es otra cosa oración mental, a mi parecer, sino tratar de amistad, estando muchas veces tratando a solas con quien sabemos nos ama. Y si vos aún no le amáis (porque, para ser verdadero el amor y que dure la amistad, hanse de encontrar las condiciones: la del Señor ya se sabe que no puede tener falta, la nuestra es ser viciosa, sensual, ingrata), no podéis acabar con vos de amarle tanto, porque no es de vuestra condición; mas viendo lo mucho que os va en tener su amistad y lo mucho que os ama, pasáis por esta pena de estar mucho con quien es tan diferente de vos» (*V* 8,5).

2. «Tratar de amistad»

Nos detenemos en la descripción que hace Teresa de la oración.

Teresa define la oración con un término bastante amplio como el de *trato,* amistad o, más concretamente, como un «ser amigos», tener una relación de amistad.

Ser orantes es ser amigos de Dios. Privilegia la *situación,* la actitud global de la vida antes de descender a lo concreto de «entretenerse» que supone esta amistad. En este acento está el deseo de hablar de una vida más que de un momento, de una condición permanente de relación con Dios más que de un acto concreto de oración: «Como habláis con otras personas, ¿por qué os han más de faltar palabras para hablar con Dios?» (*CV* 26,9).

«*Estando tratando*». En el repetitivo teresiano, corriente en su lenguaje escrito, está la coherencia de una amistad marcada por momentos concretos en los que los amigos se encuentran y se hablan; si es verdad que no existe una verdadera amistad si esta no es una actitud duradera, es también verdad, como observa finamente Teresa, que «deudo y amistad se pierde con la falta de comunicación» (*CV* 26,9). Los dos polos de la amistad-oración se llaman mutuamente: la oración-vida que supone una relación constante con Dios; la oración-ejercicio que requiere tiempos oportunos dedicados a esta experiencia de encuentro, de escucha, de diálogo.

«*Muchas veces*». La frecuencia en el trato intensifica la relación hasta llegar a asumir los mismos criterios de Cristo. Según Teresa, la perseverancia en la oración es índice de fidelidad y de continuo crecimiento en el amor: tiempos largos y fuertes para una realidad destinada a crecer dinámicamente hasta convertirse en una historia de amistad que requiere constantemente su verificación en el servicio al prójimo.

«*A solas*». En la soledad, más que «de solo a solo», según el texto original. Está claro que esta soledad requiere el espacio del silencio interior para escuchar y hablar. La soledad entonces viene requerida como una necesidad psicológica de concentración para estar en una relación vital con Dios, pero también como una necesidad de hacer callar todo lo que impide la conciencia y revelación de la presencia de Dios.

Pero —hace falta notarlo— contra toda gratuita acusación de intimismo, la motivación dada por Teresa para este «a solas» de la oración, no podía ser más válida: «Que así lo hacía Él siempre que oraba, y no por su necesidad, sino por nuestro enseñamiento» (*CV* 24,4).

Teresa ha meditado con frecuencia sobre la oración silenciosa y solitaria de Jesús observada por los evangelistas «en la cámara y en lo secreto» (*Mt* 6,6), pero ella misma relativiza este principio cuando escribe: «Recia cosa sería que solo en los rincones se pudiese traer oración» (*F* 5,16); la motivación es sencilla: «¡ El verdadero amante en toda parte ama y siempre se acuerda del amado!» (*F* 5,16). Teresa ofrece también otros consejos para una oración que cala en las circunstancias de la vida: «Irnos acostumbrando a gustar de que no es menester dar voces para hablarle, porque Su Majestad se dará a sentir cómo está allí» (*C* 29,5); también en medio de las dificultades del sufrimiento y de la enfermedad: «Y en la misma enfermedad y ocasiones es la verdadera oración, cuando es alma que ama, en ofrecer aquello y acordarse por quién lo pasa y conformarse con ello y mil cosas que se ofrecen» (*V* 7,12).

Teresa pone siempre como verificación de la oración el amor hacia los hermanos y su servicio, hasta experimentar que, en la oración, la soledad se llena de presencias y el alma viene movida a dejar a Dios por el prójimo: «¡Oh Jesús mío!, cuán grande es el amor que tenéis a los hijos de los hombres, que el mayor servicio que se os puede hacer es dejaros a Vos por su amor y ganancia y entonces sois poseído más enteramente» (*E* 2).

«*Con quien sabemos nos ama*». Con Dios, es decir, al que conocemos y sabemos Amigo nuestro, en una activa y siempre viva comunicación de amor. En esta palabra está el secreto de la oración: conciencia de que Dios nos ama, fe en Dios que nos es amigo. La oración entonces propone el diálogo de amor de la revelación y es su respuesta. Es diálogo, pero en cuanto es el hombre que debe responder a un amor que se ha manifestado. Un «sabemos» que es fruto de experiencia pero también de la convicción que tenemos de «sentirnos» amados. Indirectamente esto supone que la oración cristiana, como subraya Teresa, nace de la escucha de la palabra desde la revelación de Dios completada en Jesucristo y que se convierte, por la oración misma, en hecho y experiencia de fe.

3. El «amor desinteresado»

Para llegar a esta oración teresiana, se requieren algunas premisas, de modo que se llegue a ser personas orantes y no solo personas que hacen oración. Para Teresa, enseñar a rezar es enseñar a vivir las exigencias de la amistad con Dios. «No penséis —comenta Teresa— que serán muchas las cosas que os encargaré. Solas tres me extenderé en declarar: la una es amor unas con otras; otra, desasimiento de todo lo criado; la otra, verdadera humildad, que aunque la digo a la postre, es la principal y las abraza todas» (*CV* 4,4).

Está claro que Teresa no tiene prisa de hablar de la oración, porque se preocupa más bien del orante. Cuando faltan los cimientos, el edificio se derrumba. Si la preocupación por el acto prevalece sobre la de la persona, la oración se reduce a un simple ejercicio, sin implicaciones en la vida del orante.

Las relaciones con Dios y con el hermano no se contraponen sino que se armonizan, integrándose en un mismo movimiento. Hay que aprender a «tratar» con Dios en la perspectiva del «trato» con el hermano. Teresa, a quien le pide una palabra sobre el «trato» con Dios, empieza enseñándole a «tratar» con el prójimo: ¿cómo se podría hablar de un «trato» con Dios si no somos capaces de tratar con el hermano? Por consiguiente, para aprender a rezar hay que aprender a tratar de verdad al hermano como amigo. El Dios de la oración está de parte de los hombres y se le alcanza a través del paso obligado de los hermanos. Más aún: el encuentro fraterno garantiza la autenticidad de un encuentro de amistad con Dios, aun en aquellas personas «que son consideradas poco contemplativas» (*C* 4,3). La persona, pues, crece en apertura a la trascendencia cuando desarrolla su compromiso por los hermanos.

Sin embargo no basta afirmar que para aprender a rezar hay que comprometerse a amar y servir al hermano. Hace falta saber qué es amar, porque hay «otras aficiones bajas que le tienen usurpado el nombre» (*CV* 6,7). El aprendizaje del amor es el más arduo y el más lento al que la criatura humana debe someterse. No basta amar, es necesario también saber recibir el amor. Es necesario, por tanto, educar al «sujeto» del amor.

El amor debe ser teologal, es decir, tener a Dios como principio y como fin (cf. *V* 24). Es un amor templado y discreto, un amor que no juzga, tierno y compasivo, servicial y generoso, que procura siempre el bien del otro: un amor fundado en la verdad. Debe ser amor de Dios: amor recibido, capaz, por tanto, de superar todo fraccionamiento, división, particularismo. Porque un amor que divide no es cristiano. El amor abre a la totalidad y lleva a la fraternidad universal: «Que en esta casa, que no son más de trece ni lo han de ser, aquí todas han de ser amigas, todas se han de amar, todas se han de querer, todas se han de ayudar; y guárdense de estas particularidades, por amor del Señor, por santas que sean, que aun entre hermanos suele ser ponzoña y ningún provecho en ello veo» (*CV* 4,7). Esto es fruto de una visión teologal. Cuando en la motivación de las relaciones interpersonales prevalecen los diferentes aspectos contingentes que pueden encontrarse en la persona amada, entonces la relación resulta deformada en raíz. No es amor sino egoísmo.

Solo un amor que tiene a Dios como raíz y último fin puede respetar tanto la universalidad (amar a todos sin excluir a ninguno), como la particularidad (amar a cada uno en su situación y condición como «único»). Un amor que no consiga abrir hacia Dios tanto al que ama como al que es amado, es necesariamente avasallador. El amor entre las personas se valora en función de su capacidad de «ayudar mutuamente» a crecer en el amor de Dios. En otras palabras: cuando Dios no es la presencia que une a los hombres entre ellos y no es el horizonte hacia el que se dirige y se abre todo amor, este se degrada, convirtiéndose en una relación egoísta y dominante, que bloquea cualquier posibilidad de crecimiento personal. El amor teologal es amor desinteresado, gratuito (cf. *1 Cor* 13). No hay amor cuando se busca el interés y la ventaja propios: cuando el «yo» domina y el «tú» disminuye. «Ahora noten —dice Teresa— que, como el amor, cuando de alguna persona le queremos, siempre se pretende algún interés de provecho o contento nuestro, y estas personas perfectas ya todos los tienen debajo de los pies los bienes, que, aunque ellos quieran, a manera de decir, no le pueden tener que lo sea fuera de con Dios o en tratar de Dios. Pues ¿qué provecho les puede venir de ser amados?» (*CV* 6,6).

Privado de la dimensión teologal, el amor entre los hombres degenera en una red de recíprocos favoritismos, o sea, de egoísmos camuflados, de servicios interesados, de regalos con «factura» que pagar. Lejos pues de las motivaciones queridas por Teresa porque: «Todo lo que desea y quiere es ver rica aquella alma de bienes del cielo» (*CV* 7,1). Un amor parecido no se improvisa y no se posee por el simple hecho de proclamarlo: a amar se aprende amando. Y como «todas las almas son hábiles para amar» (*F* 5,2), todos podemos vivir una vida orante.

4. La conquista de la libertad para amar a Dios

Teresa está íntimamente convencida de que cualquier relación con personas o cosas que no encuentren en Dios su fuente y su término, arrastra a la persona a la esclavitud. La conquista de la libertad es una línea fuerte de la pedagogía teresiana de la oración. Sin libertad no hay amor. Quien quiere poseer, por el hecho mismo de «querer tomar», se condena a ser «tomado», atado y subyugado, poseído por lo que posee, llevando así a una situación que hace imposible la oración.

Hay que dar a Dios un corazón libre para poder gozar de su amistad porque Dios «no se da a Sí del todo hasta que nos damos del todo» (*CV* 28,12): «Mas mirad, hijas, que para esto que tratamos no quiere que os quedéis con nada; poco o mucho, todo lo quiere para sí, y conforme a lo que entendiéreis de vos que os han dado, se os harán mayores o menores mercedes» (*5 M* 1,3).

Para hacerse libres hay que luchar: romper nudos y esclavitudes, «pues creer que admite a su amistad estrecha gente regalada y sin trabajos, es disparate» (*CV* 18,2). En concreto se requiere sobriedad y austeridad de vida, extrema moderación ante las demandas que presionan desde fuera o que nacen de ese abismo insaciable que somos nosotros mismos. «Porque este cuerpo tiene una falta, que mientras más le regalan, más necesidades descubre. Es cosa extraña lo que quiere ser regalado; y como tiene aquí algún buen color, por poca que sea la necesidad, engaña a la pobre del alma para que no medre» (*CV* 11,2). Cualquier grieta que quede abierta vacía la opción de Dios de su carácter más específico, la totalidad. Cuando el orante ve su cuerpo como un fin en sí mismo, este se convierte en un tirano que le impide avanzar en su desarrollo personal y en su relación con Dios.

La batalla se combate dentro del hombre. No es la distancia física sino la orientación del corazón, que al encontrar todo en Jesús se llena de él. No puede haber un gran amor cuando se consienten alegremente todos los caprichos porque «ya sabéis que para ser la oración verdadera se ha de ayudar con esto; que regalo y oración no se compadece» (*CV* 4,2). Se trata, en una palabra, de ser personas de un único amor: solo tal opción bien clara y fuerte es generadora de libertad.

5. La humildad, fundamento de la oración

El fundamento de la oración es la actitud de la humildad (cf. *7M* 4,8). Es humilde aquel que, desnudo ante Dios, descubre que solo ahí está el lugar donde uno puede conocerse íntegramente, ser auténtico, verdadero. En medio de tanta luz, descubrimos la misericordia de Dios sobre nosotros. Entendemos pues la descripción que hace Teresa de la humildad: «Una vez estaba yo considerando por qué razón era nuestro Señor tan amigo de esta virtud de la humildad, y púsoseme delante a mi parecer sin considerarlo, sino de presto esto: que es porque Dios es suma Verdad, y la humildad es andar en verdad, que lo es muy grande no tener cosa buena de nosotros, sino la miseria y ser nada; y quien esto no entiende, anda en mentira» (*6M* 6,7). «Y así entendí — continúa Teresa — qué cosa es andar un alma en verdad delante de la misma Verdad. Esto que entendí, es darme el Señor a entender que es la misma Verdad» (*V* 40,3).

Para Teresa, reconocer el primado de Dios significa poner el fundamento último y la motivación definitiva de la colaboración humana. La humildad engendra audacia y valentía intrépida en la realización de la transformación del mundo según los designios de Dios. En efecto, Teresa habla varias veces de las «almas cobardes que con amparo de la humildad» (*V* 13,2) quedan ancladas en la mediocridad.

La fortaleza en el cumplimiento de los propios deberes es fortuna del humilde. Solo el humilde sabe reconocer y aprovechar la acción salvífica de Dios en su hoy y en el hoy de la historia: «No entendamos cosa en que se sirve más el Señor que no presumamos salir con ella, con su favor. Esta presunción querría yo en esta casa, que hace siempre crecer la humildad: tener una santa osadía, que Dios ayuda a los fuertes y no es aceptador de personas» (*CV* 16,8).

La humildad es pues la lucidez propia del amor, es lo que hace que un bien sea un bien: un amor sin humildad no ama de verdad; una esperanza sin humildad no es sino presunción, capaz de tornarse en desaliento ante la mínima prueba; un perdón sin humildad no es más que otra vuelta en el círculo de la venganza, y así con todo. Más que una virtud, la humildad es la esencia, la verdad de todas ellas, por eso «es la principal y las abraza todas» (*CV* 4,4). Como consecuencia, concluye Teresa: «Espíritu que no vaya comenzando en verdad, yo más le querría sin oración» (*V* 13,16).

6. La determinación para ser fieles al amor

No basta darse, sino que hace falta hacerlo con vigor, con decisión, con firmeza, movilizando a fondo toda la persona en la opción de «seguir en la vía de la oración»: «Digo que importa mucho, y el todo, una grande y muy determinada determinación de no parar hasta llegar, venga lo que viniere, suceda lo que sucediere, trabájese lo que se trabajare, murmure quien murmurare, como muchas veces parece cuando decimos: "No es para mujeres, que les podrán venir ilusiones", "Mejor será que hilen», «no han menester esas delicadeces", "Basta el *Paternoster* y *Avemaría*"» (*CV* 21,2).

La determinación implica radicalidad y esta se manifiesta única y exclusivamente desde el amor: «Parécenos que lo damos todo, y es que ofrecemos a Dios la renta o los frutos y quedámonos con la raíz y posesión» (*V* 11,2). Determinarse es enamorarse, comprometerse de por vida, llegar a no entender la vida sin el otro. La determinación es fidelidad a una respuesta de amor que se ha desencadenado por medio de una experiencia de sentirse amado por Dios. Este amor debe concretarse diariamente. La opción fundamental que se ha hecho por seguirlo a Él en un proceso de crecimiento, debe convertirse en pasión que hace vibrar toda la existencia: «Quizá no sabemos qué es amar, y no me espantaré mucho; porque no está en el mayor gusto, sino en la mayor determinación de desear contentar en todo a Dios y procurar en cuanto pudiéramos no le ofender» (*4 M* 1,7).

Teresa nos recuerda tres razones fundamentales para ser decididos. Ante todo, la exigencia del amor: a quien nos ama y nos da tanto y tan continuamente, no es razonable que nosotros le demos o nos demos a medias porque «no se da este Rey sino a quien se le da del todo» (*C* 16,4). Otra cosa sería burla (cf. *CV* 23,2). La segunda razón es de estrategia defensiva. Un espíritu decidido es menos vulnerable. Vale contra la cobardía, contra los miedos. La determinación es una coraza contra la propia fragilidad. El demonio tiene «gran miedo a ánimas determinadas» (*CV* 23,4). La tercera razón es la eficacia combativa: «Es como uno que está en una batalla, que sabe, si le vencen, no le perdonarán la vida, y que ya que no muere en la batalla ha de morir después; pelea con más determinación y quiere vender bien su vida —como dicen— y no teme tanto los golpes, porque lleva adelante lo que le importa la victoria y que le va la vida en vencer» (*CV* 23,5).

Para quien se decide por la oración, Teresa propone dos objetivos concretos: «No tornar atrás» (*CV* 23,1). Y decisión de reservar para la oración un tiempo de cada jornada. Dárselo «con toda determinación de nunca jamás tornárselo a tomar» (*CV* 23,2).

«Decidirse» no significa convertirse a esta o a aquella virtud, sino a su Persona. Se trata de decir «sí» a Dios: «Y creedme que no está el negocio en tener hábito de religión o no, sino en procurar ejercitar las virtudes y rendir nuestra voluntad a la de Dios en todo, y que el concierto de nuestra vida sea lo que Su Majestad ordenare de ella, y no queramos nosotras que se haga nuestra voluntad, sino la suya» (*3 M* 2,6).

Determinación en ayudar a Cristo a llevar la cruz: «Abrazaos con la cruz que vuestro Esposo llevó sobre sí y entended que esta ha de ser vuestra empresa; la que más pudiere padecer, que padezca más por Él, y será la mejor librada» (*2 M* 1,7). Abrazar la cruz significa para ella explícitamente librarse del deseo de todo gusto y consolación: «No nos mostrar a procurar consolaciones de espíritu; venga lo que viniere, abrazado con la cruz, es gran cosa. Desierto quedó este Señor de toda consolación; solo le dejaron en los trabajos; no le dejemos nosotros, que, para más sufrir, Él nos dará mejor la mano que nuestra diligencia, y se ausentará cuando viere que conviene y que quiere el Señor sacar el alma de sí, como he dicho» (*V* 22,10). Acompañar al Señor con una actitud de amorosa solidaridad es la determinación que Teresa se propone inculcar en el orante. «Lo demás, como cosa accesoria, si os lo diere el Señor dadle muchas gracias» (*2 M* 1,7).

La determinación no es solo el primer impulso decidido con que se comienza el camino de la oración;

debe, por el contrario, prolongarse en una constante voluntad de perseverancia. Porque solo las decisiones perseverantes son constructivas: «De lo que yo tengo experiencia puedo decir, y es que por males que haga quien la ha comenzado, no la deje, pues es el medio por donde puede tornarse a remediar, y sin ella será muy más dificultoso» (*V* 8,5).

Temas para la reflexión y el diálogo

- Teresa no es amiga de definiciones. La oración es un proceso de amistad que ofrece modulaciones muy personales. Es como una atmósfera que se respira. Tu desarrollo humano y espiritual comienza por aprender a tratar a Dios como un amigo (cf. *CV* 22.28) y concebir la vida come relación de amistad con el hermano (cf. *CV* 4,7).

  ¿Qué características tiene la «amistad» de Teresa?

- Teresa dirá en 6 *M* 10,8 que «humildad es andar en verdad». El *Camino* pues hay que hacerlo desde la verdad. «Esta es oración mental, entender esas verdades» (*C* 22): quién es Dios y quién soy yo. Teresa vive la humildad auténtica que proviene de la contemplación de Jesús, el verdadero humilde (cf. *6 M* 6,7).

  Repiensa tu «ser orante» a través de la humildad y de la verdad.

- Examínate sobre estas cuatro actitudes claves de la oración teresiana: aprender a vivir en Su presencia (verdad); simplificar (unificar la mirada: «Mira que te mira»); recuperar la calidad de vida y perseverar («siempre comenzar») a amarle y amarte.

- A veces se juzga la oración como huida del compromiso, pérdida de tiempo, espiritualismo desencarnado... Que Teresa sea una mujer mística no quiere decir que viva fuera de la realidad; por el contrario, es una mujer que, sin dejar de ser contemplativa, da respuestas concretas a los problemas de sus monjas y de sus conventos.

  ¿Cómo explicas el hecho de que para Teresa entre los pucheros se autentifiquen las virtudes concretas del cristiano? ¿Dónde conduce a Teresa la dialéctica entre lo exterior y lo interior?

- Sabiendo que la oración es un proceso permanente de «trato de amistad con Dios» y que «El Señor no mira tanto la grandeza de las obras, como el amor con que se hacen» (*7 M* 4,15).

  ¿Qué rasgo de la oración teresiana juzgas más luminoso hoy para llegar a ser «buenos orantes»?

Capítulo séptimo

PEDAGOGÍA DE LA ORACIÓN

Camino es el libro por excelencia de la oración teresiana. El esquema interno de la obra manifiesta la intención de la autora: exponer las «cosas necesarias» que han de tener los que «pretenden llevar camino de oración». Como hemos visto en el capítulo anterior, Teresa es categórica: nadie podrá ser contemplativo sin caridad, desasimiento y humildad. Junto a estos presupuestos o premisas de la oración, que bien podríamos llamar teologales o exigencias intrínsecas de la oración-amistad, Teresa insiste en otros elementos no menos importantes. Los llamaríamos «presupuestos psicológicos».

1. La soledad

Acostumbrarse a la soledad es gran cosa para la oración (cf. *CV* 4,9).Toda oración es en verdad, radicalmente siempre a solas. La soledad para rezar, según Teresa, no es un huir de nadie sino ir hacia Alguien. No es ausencia sino presencia. La conexión entre oración y soledad es tan íntima, que Teresa la convierte en nota de discernimiento oracional: «Anda continuo el deseo de soledad en las almas que de veras aman a Dios» (*F* 5,15). La soledad es necesaria para «oírle» y para bajar a niveles de nuestro «yo» que se nos escapan y que no explotamos porque desconocemos. Es una soledad poblada: «Procurad luego, hija, pues estáis sola, tener compañía. Pues ¿qué mejor que la del mismo Maestro que enseñó la oración que vais a rezar?» (*CV* 26,1). Una soledad de amores y presencias que favorece la atención y la gravitación en torno al Amigo, hasta llegar a entender y gozar los secretos de Su Presencia (cf. *7M* 1,11).

«Solos» para gustar el silencio, condición indispensable para establecer un trato de amistad con Dios. Es difícil encontrarnos y escuchar a Dios sumergidos en el oleaje de la palabrería y de la agitación. Se requiere el silencio del alma: «Pues hagamos cuenta que dentro de nosotras está un palacio de grandísima riqueza, todo su edificio de oro y piedras preciosas, en fin, como para tal Señor; y que sois vos parte para que este edificio sea tal, como a la verdad es así, que no hay edificio de tanta hermosura como una alma limpia y llena de virtudes, y mientras mayores, más resplandecen las piedras; y que en este palacio está este gran Rey, que ha tenido por bien ser vuestro Padre; y que está en un trono de grandísimo precio, que es vuestro corazón» (*CV* 28,9).

2. La compañía

Habla también Teresa del riesgo de caminar «sola entre tantos peligros... Por eso, aconsejaría yo a los que tienen oración, en especial al principio, procuren amistad y trato con otras personas que traten de lo mismo. Es cosa importantísima, aunque no sea sino ayudarse unos a otros con sus oraciones, ¡cuánto más que hay muchas más ganancias!» (*V* 7,20). Es conveniente una comunidad de orantes que no disimule ante extraños su identidad (cf. *CV* 20,4).

Teresa asigna al grupo un valor extraordinario en la promoción, el mantenimiento y la exigencia de la oración: «¡Que grandísima cosa es tratar con los que tratan de esto» (*2 M* 1,6). Se goza Teresa con el proceder de las hermanas: «A veces me es particular gozo cuando, estando juntas, las veo a estas hermanas tenerle tan grande interior, que la que más puede, más alabanzas da a nuestro Señor» (*6 M* 6,11).

Vinculado al apoyo que se recibe de otros orantes, está la importancia que Teresa concede al «maestro de oración»: Está convencida de que sin él casi hubiera sido imposible sacar adelante la propia oración. Se quejó de no tenerlos durante 20 años, al menos tan buenos como quisiera. Su magisterio busca suplir en alguna manera esta posible escasez.

3. El método

Teresa no tiene un método de oración articulado, sí un modo de oración, que describe de forma muy simple y no resulta nada difícil de enseñar. Su formulación es clara, aunque no sea tan claro el dinamismo posterior y los pasos siguientes, desde los primeros momentos de la meditación hasta la más alta experiencia de la contemplación. Cuando en *Camino* se pregunta directamente «en qué consiste la oración mental» (cf. *CV* 22), no repetirá la definición dada en *Vida,* sino que concluirá: «Esta es oración mental... entender estas verdades». Son «las verdades» de Dios y del hombre: descubrir en el encuentro existencial «mi condición» y «la suya». Toda la atención del orante la quiere Teresa centrada en la Persona divina: «No os pido ahora que penséis en Él ni que saquéis muchos conceptos ni que hagáis grandes y delicadas consideraciones con vuestro entendimiento; no os pido más de que le miréis» (*CV* 26,3). No importa lo que se le dice, ni cómo se le dice. Interesa el «estar con él». El acto de presencia: «Si estáis alegre, miradle resucitado... Si estáis con trabajos o triste, miradle camino del huerto» (*CV* 26,4-5).

4. Algunos recursos para recogerse

Teresa en el libro de la *Vida* nos relata, con sinceridad, sus dificultades para recogerse: «Tenía más cuenta con desear que acabase la hora que tenía por mí de estar, y escuchar cuando daba el reloj, que no en otras cosas buenas» (*V* 8,7). Además de tener una buena relación con Dios (amor, libertad, humildad) y consigo mismo (soledad, silencio exterior e interior), Teresa no descuidará, por tanto, otros aspectos que la ayudan a concentrarse en la oración.

4.1. Un libro

En el libro de la *Vida* Teresa muestra cómo, en la larga tarea de los inicios de su vida de oración, encuentra una primera ayuda en los libros: «Jamás osaba comenzar tener oración sin un libro... Con este remedio, que era como una compañía o escudo en que había de recibir los golpes de los muchos pensamientos, andaba consolada» (*V* 4,9). De esta experiencia proviene su consejo: «Es gran remedio tomar un libro de romance bueno, aun para recoger el pensamiento, para venir a rezar bien vocalmente, y poquito a poquito ir acostumbrando el alma con halagos y artificio, para no amedrentarla» (*CV* 26,10).

¿Qué tipo de libros? Según nuestra doctora, el libro mejor es la Sagrada Escritura: «Siempre yo he sido aficionada, y me han recogido más las palabras de los evangelios que libros muy concertados» (*CV* 21,4). Le gustaba mucho meditar el pasaje de la Magdalena, reflexionando «muy muchas veces pensaba en su conversión» (*V* 9,2) o el de la samaritana: «¡Oh, qué de veces me acuerdo del agua viva que dijo el Señor a la Samaritana!, y así soy muy aficionada a aquel evangelio. Y es así, cierto, que sin entender como ahora este bien, desde muy niña lo era y suplicaba muchas veces al Señor me diese aquel agua, y la tenía dibujada adonde estaba siempre, con este letrero, cuando el Señor llegó al pozo: *Domine, da mihi aquam* (*Jn* 4,15)» (*V* 30,19).

4.2. La naturaleza, libro abierto que habla de Dios

La naturaleza también es un recurso que a Teresa le sirve, centra y ayuda: «Aprovechábame a mi también ver campo, o agua, flores. En estas cosas hallaba yo memoria del Criador, digo, que me despertaban y recogían y servían de libro» (*V* 9,5).

Para explicar su experiencia de Dios, Teresa echa mano de los elementos naturales, de la vida de cada día, de los animales, del matrimonio, hasta del juego de ajedrez. En esta simbología, el agua tiene un lugar destacado: «Como sé poco y el ingenio no ayuda y soy tan amiga de este elemento, que le he mirado con más advertencia que otras cosas; que en todas las que crió tan gran Dios, tan sabio, debe haber hartos secretos de que nos podemos aprovechar, y así lo hacen los que lo entienden, aunque creo que en cada cosita que Dios crió hay más de lo que se entiende, aunque sea una hormiguita» (*4 M* 2,2).

Teresa ilustra el camino espiritual del cristiano con las cuatro formas de regar, a saber, el pozo: «los que comienzan a tener oración, son los que sacan agua del pozo, con mucho trabajo» (*V* 11,9); la noria: «el segundo modo de sacar agua es con un torno y arcaduces, para que el hortelano saque más agua, con menos trabajo» (*V* 14,1); el arroyo: «la tercera agua con que se riega esta huerta, que es agua corriente de río o de fuente casi el Señor es el hortelano y el que lo hace todo» (*V* 16,1); y la lluvia: «[el cuarto grado] es esta agua que viene del cielo, para con abundancia henchir y hartar todo este huerto de agua» (*V* 18,9).

Otros elementos de la naturaleza son utilizados por Teresa para describir su propia experiencia espiritual: el «gusano de seda» que se cambia en mariposa, para explicar el trabajo ascético hasta la plena transfiguración mística (*5 M* 2,7); el «matrimonio», para simbolizar la unión entre el alma y Dios, cumbre de la experiencia religiosa (*5 M* 4,3); la contraposición «agua-fuego» (*CV* 19,3). Animales como la abeja, la hormiga, la araña, la paloma, el águila, el león, las musarañas, las aves, el sapo, las lagartijas; símbolos cósmicos como la noche, los bosques, el monte, la llama, la lluvia, las nubes, el amanecer, el anochecer, el sol, el cielo, el mar y las olas... van a servir para las comparaciones y explicaciones de la vida espiritual. «El castillo de diamantes» será la clave del libro de las *Mansiones* para explicar el itinerario de la persona hasta llegar a la unión con Dios.

Como San Juan de la Cruz, también Teresa invita a descubrir la huellas del Amado en la naturaleza: «Procure vuestra señoría algunas veces, cuando se ve apretado, irse adonde vea cielo, y andarse paseando, que no se quitará la oración por eso, y es menester llevar esta nuestra flaqueza de arte que no se apriete el natural. Todo es buscar a Dios, pues por él andamos a buscar medios, y es menester llevar el alma con suavidad» (*Carta a Teotonio de Braganza,* 3 de julio de 1574, 4).

4.3. *La imagen como pedagogía para la mirada contemplativa*

La pedagogía de la imagen está convalidada por una larga tradición de la Iglesia con su iconografía. Teresa comienza su relación con Cristo a través de la imagen que se hallaba en casa de su padre y que ella llevó al convento: la representación de la escena evangélica de Jesús con la samaritana.

La imagen sirve para hacer presente al Señor, personalizar la relación con Él, educarse para la mirada de amor que luego tiene que interiorizarse: «Lo que podéis hacer para ayuda de esto, procurad traer una imagen o retrato de este Señor que sea a vuestro gusto; no para traerle en el seno y nunca le mirar, sino para hablar muchas veces con Él, que Él os dará qué le decir. Como habláis con otras personas, ¿por qué os han más de faltar palabras para hablar con Dios? No lo creáis; al menos yo no os creeré, si lo usáis; porque si no, el no tratar con una persona causa extrañeza y no saber cómo nos hablar con ella, que parece no la conocemos, y aun aunque sea deudo, porque deudo y amistad se pierde con la falta de comunicación» (*CV* 26,9).

La oración, en su simplicidad, se convierte en intercambio de miradas, un lenguaje de los ojos, que empieza precisamente por la contemplación externa de una imagen para convertirse en mirada interior: «No os pido ahora que penséis en Él ni que saquéis muchos conceptos ni que hagáis grandes y delicadas consideraciones con vuestro entendimiento; no os pido más de que le miréis» (*CV* 26,3).

4.4. *La oración vocal*

En el capítulo 25 del *Camino de perfección,* Teresa propone la oración vocal como medio eficaz para llegar a la contemplación: la oración se hace interior en la medida en que tomamos conciencia de quiénes somos y con quién hablamos. Entonces las palabras se cargan de sentido y adquieren una profundidad contemplativa desconocida. En el comentario al *Padre nuestro* de Teresa, cada una de las palabras del Padrenuestro tiene una profundidad que solo se puede descubrir a través de una prolongada y repetida contemplación (cf. *CV* 27-42).

Se trata, por tanto, de recitar breves frases de la Biblia, de los salmos, detenerse en ellas, saborearlas, cargarlas de sentido o dejarse prender por las múltiples resonancias de una oración que se ilumina desde dentro.

5. La comunión con Dios

«Recogerse» no es un fin en sí mismo, sino el medio para estar más presente al Otro. La conciencia de estar ante alguien favorece el esfuerzo psicológico y espiritual necesario para el recogimiento. También es bello descubrir la propia interioridad como una posibilidad de realización interior. Pero el descubrimiento de uno mismo como *castillo* sería insignificante, si no se descubre al mismo tiempo a Aquel que habita dentro de nosotros o en cuya presencia caminamos: «Deshácese toda, hija, para ponerse más en Mí. Ya no es ella la que vive, sino yo» (*V* 18,14). Es la comunión total con Dios.

El recogimiento, sin el descubrimiento de Cristo, sería como un cielo sin Dios. La meta pues de la oración de recogimiento en Teresa es la unión con Dios: «Llámase recogimiento, porque recoge el alma todas las potencias y se entra dentro de sí con su Dios, y viene con más brevedad a enseñarla su divino Maestro y a darla oración de quietud, que de ninguna otra manera» (*CV* 28,4). Dios, dice san Agustín, está dentro de nosotros mismos. El recogimiento pues asegura no solo el propio conocimiento sino también el trato de amistad con el Amigo. ¡Qué difícil es rezar cuando falta la *morada interior,* el lugar donde descansar, el espacio que facilita la propia pacificación! Es la morada interior la que nos permite lograr la unificación de nuestra vida, hasta llegar a ser personas «simples», «contemplativas».

Mientras nos esforzamos por concentrarnos, prevalece la oración vocal; después inicia una oración interior, sin rumor de palabras, sin esfuerzo de conceptos, sin libros, con la alegría de sentirse escuchados. A medida que aumentan los efectos propios de esta oración, aflora la exigencia totalitaria del amor de Dios que lo *exige* todo, porque lo ofrece todo. Si al principio el orante era el protagonista, ahora es el mismo Cristo quien sale al encuentro del orante y le hace partícipe de su vida, guiándolo por caminos que él desconoce: «Para venir a lo que no sabes, has de ir por donde no sabes» (Juan de la Cruz, *Subida I,* 13,6).

En este momento de comunión con Dios, solo la fe y el amor son capaces de ir más allá de las apariencias de la soledad psicológica para sumergirnos en la presencia del Dios Amor: «Se entienden Dios y el alma con solo querer Su Majestad que lo entienda, sin otro artificio para darse a entender el amor que se tienen estos dos amigos. Como acá si dos personas se quieren mucho y tienen buen entendimiento, aun sin señas parece que se entienden con solo mirarse. Esto debe ser aquí, que sin ver nosotros cómo, de hito en hito se miran estos dos amantes» (*V* 27,10).

6. La primacía del amor traducido en servicio

En la comunión con Dios prevalece el amor: «No está la cosa en pensar mucho, sino en amar mucho; y así, lo más os despertare a amar, eso haced» (*4 M* 1,7; *F* 5,2). Lo importante de la oración no son los discursos eruditos de una meditación, sino el amor que de los mismos brota (*4 M* 1,6). El fin último de todas las estrategias metodológicas que nos ofrece Teresa para ser buenos orantes es el amor. Y todos somos capaces de aprender a amar. El epicentro pues de la oración teresiana es el corazón como punto en el que se concentra toda la persona.

Aumentar la calidad del amor significa no solo incrementar el número de actos de amor, sino ser cada vez más consciente de que somos amor, sentirnos amados para amar. El método mejor es aquel que nos permite levantarnos de la oración con la sensación de que por haber sido amados, tenemos que amar, si queremos ser felices.

La experiencia de unidad y de comunión con Dios nos irá llevando a una vivencia de amor profundo, de entrega y de disponibilidad para con todos. Un amor que se expresa en el compartir, dando y recibiendo lo que somos y lo que tenemos. Un amor «con obras y de verdad», trasformado siempre por la Misericordia del Amado. Un Amor que, poco a poco, se convierte en razón de vida: «Nada te turbe, nada te espante, todo se pasa, la paciencia todo lo alcanza; quien a Dios tiene nada le falta: solo Dios basta» (*P* 30).

Temas para la reflexión y el diálogo

- Teresa no tiene un método de oración articulado, sí un modo de oración: «Procuraba lo más que podía traer a Jesucristo, nuestro Bien y Señor, dentro de mí presente, y esta era mi manera de oración» (*V* 4,8).

  ¿Qué aspecto de la pedagogía teresiana te parece más original?

- Teresa de Jesús, maestra de Oración, nos enseña cómo recogerse para interiorizar la oración: hay que educarse a la presencia de Él y educar la mirada: «Mire que le mira» (*V* 13,22) porque «en tiempos de quietud, hay que dejar el alma con su descanso» (*V* 15,8. Cf. *CV* 26).

  ¿Cómo hace Teresa para «educar su mirada»?

- Después del recogimiento, un segundo paso de la oración teresiana es educarse a la escucha: «Él os dirá lo que quiere que le digáis» (*CV* 26,9). Un tercer paso es el de darnos del todo, para que, como en casa propia, Dios pueda actuar para bien de todos: «Si no nos damos del todo, no se nos dará el tesoro de la oración» (*V* 11,1-4). Cuarto paso es sentir su presencia: «Procurad luego, hija, pues estáis sola, tener compañía» (*CV* 26,1).

¿En qué modo te puede ayudar Teresa en tu proceso de oración? (*cf.* CV *26-29*).

- Pudiera ser que la voluntad y el entendimiento del orante estén gozando de Dios: «Acá no hay sentir, sino gozar sin entender lo que se goza» (*V* 18,1), pero la imaginación, la «loca de la casa», ande suela, dando guerra, estorbando.

  ¿Qué consejos nos da Teresa sobre la imaginación y la memoria durante la oración?

- La interioridad teresiana se da «en el hondón del alma». Pero, dado que conocerse no es tarea fácil, la Santa quiere que nuestro ejercicio de interioridad sea profundo, «no conviene hacer el propio conocimiento ratero y cobarde». La naturaleza es un recurso que a ella le sirve, le centra, le ayuda: «Me aprovechaba ver campo, agua y flores, en estas cosas hallaba yo memoria del Creador porque me despertaban y servían de libro» (*V* 9,5). Se trata de recoger los sentidos corporales en lo que nos habla de Dios.

  ¿Eres amigo del silencio interior? ¿Dialogas con tu corazón?

- Teresa en la oración se siente perseguida, acosada, esperada. Es la primera verdad de la oración: sabernos intensamente amados por Dios.

  ¿Cómo entiende Teresa la expresión «siervos del amor»?

- La prueba de la autenticidad de la oración teresiana es el amor a los hermanos y el servicio desinteresado hacia ellos. La unificación profunda nos tiene que conducir a la apertura a los demás, al entusiasmo por servir.

  ¿Cómo entender hoy el «dejaros a Vos por el amor a los hombres» (*cf.* E *2*) *de santa Teresa?*

Capítulo octavo

EL DINAMISMO DE LA VIDA CRISTIANA

El *Castillo interior* se nos ofrece como una magnífica herramienta didáctica que nos permite conocer un proceso dinámico de vida espiritual cristiana, a través de la descripción de las siete etapas o moradas del Castillo: «Se me ofreció lo que ahora diré, para comenzar con algún fundamento: que es considerar nuestra alma como un castillo todo de un diamante o muy claro cristal, adonde hay muchos aposentos, así como en el cielo hay muchas moradas» (*1 M* 1). Cada uno puede entrar como pueda. Teresa nos describe su camino. Pero no es el único. El orante tiene que reconocer su propio itinerario de amor transformante hacia Dios.

1. La conversión

Los dos capítulos de las primeras moradas ofrecen una visión positiva, marcada por la vocación a la gracia, y negativa, marcada por la situación del pecado en la vida cristiana, con comienzo y toma de conciencia del misterio de la existencia humana: «Es gran cosa el propio conocimiento» (*1 M* 1,2).

La persona, por tanto, debe entrar en sí misma, a través de la puerta de la oración, reconocer en sí la presencia de Dios y la vocación a la relación con él, aunque se encuentre con frecuencia en la extroversión y en la dependencia de las criaturas y en el pecado: «Dios nos crió a su imagen y semejanza». Es triste —nos recuerda Teresa— que no lo sepamos. Cada uno de nosotros somos morada de Dios: todos llevamos un pequeño cielo dentro.

Teresa señala que la persona está siempre habitada por Dios, no obstante la disgregación psicológica y espiritual de la persona y una cierta esclavitud por parte del maligno. Él no deja su castillo, pero cuando estamos en pecado mortal es como si se tapara la luz que emana del centro con un paño oscuro o con alquitrán: aunque la luz sigue brillando, sus rayos no iluminan y la persona no puede obrar bien.

En esta primera morada aprendemos que Dios nos ama con misericordia y sin medida, por eso desea que entremos, que vayamos hacia el centro, que seamos sus amigos. En este itinerario para pecadores, no busca Dios que entremos para echarnos en cara cómo nos hemos portado, sino para educarnos en el amor incondicional y sin medida, independientemente de nuestra condición social, cultural o económica.

Para entrar, ayuda mucho la oración vocal, es decir, los rezos que conocemos, como el Padrenuestro, el Avemaría, el Credo... Una ayuda importante en la oración es dejar de tratar con sabandijas y bestias que viven en el cerco del castillo y fijar la mirada en el centro, donde está Dios. También invita Teresa, en esta morada, a comunicarnos sin palabras. Nos introduce en la vivencia del silencio: «Pongamos los ojos en Cristo nuestro bien» (*1 M* 2,11).

2. La lucha y la perseverancia

Son las moradas más breves, con un solo capítulo. Se caracterizan por la lucha por perseverar en el camino emprendido: por una parte está la razón, que cree equivocadamente que lo temporal vale algo y, por otra, la fe, que enseña que la muerte acaba por imponer la verdad (cf. *2 M* 4). Se describe principalmente a los que entran en ellas y cómo pueden ayudarse en el camino hacia la meta.

La oración de estas moradas es todavía informe; pero poco a poco se va haciendo sensibilización realista a las llamadas de Dios a través de la meditación y la consideración, con la ayuda de las potencias del alma. Todo ayuda a vivir sensibles a la Palabra de Dios y a sus continuas inspiraciones, para que sea más fuerte la llamada desde el centro del Castillo que el canto de las sirenas y la atracción que viene desde fuera.

Hay que emprender el camino con una firme decisión de ir hacia delante hasta el final, sin desanimarse, apuntando al cumplimiento de la voluntad de Dios, buscando la ayuda de los amigos de Dios, sin fallar en el momento de las pruebas y de las caídas. Hay que tener presente que el camino será todavía arduo y difícil, porque estamos aún en el desierto donde no llueve el maná del cielo y se debe escoger la cruz.

Teresa acaba con una invitación a mirar a Cristo como modelo y a acompañar la oración con las obras.

3. La prueba y la nueva conversión

Las terceras moradas, con dos capítulos, presentan un momento delicado de la vida espiritual: Dios no entra en relación con el orante como a él le gustaría. Se da un paso progresivo en el que la lucha y la perseverancia se serenan en un momento de victoria y de paz. Pero instalarse en ese estado «de almas concertadas» puede ser peligroso: se puede creer que se ha alcanzado la santidad, como si fuese una conquista, y exigir el premio de Dios como un derecho; pero en realidad se ha llegado solo a una aurea mediocridad de las virtudes y de la oración, en la que podemos parar, creyendo sólidas las virtudes cuando son todavía débiles, y poniendo la esencia de la perfección no en la conversión del corazón sino en las obras externas y en la vida «concertada» de oraciones y penitencias. Se dan a Dios las propias obras pero no el corazón.

Las personas de estas moradas son «almas concertadas», es decir, han puesto su vida en orden. Esto las lleva a veces a una situación de rigidez o comodidad. Estas personas se «canonizan» a sí mismas, pero juzgan y condenan al prójimo: «Pasad adelante de vuestras obrillas», dice Teresa; es decir, aprended que si algo bueno tenéis, viene de Dios, no es mérito vuestro. Nuestra relación con Dios no puede estar marcada por el derecho y la justicia, sino por la gratuidad y por el amor. Dios, que conoce hasta el fondo nuestra verdad, debe intervenir con la prueba.

Es la prueba del amigo después de las pruebas del enemigo. Él pone a la prueba a sus siervos con diferentes situaciones para que se abran a la gratuidad del don de sí mismos, y no solo de sus pequeñas obras. Personaje central y representativo de las terceras moradas es el joven rico del Evangelio, incapaz de responder del todo a Cristo cuando el Maestro le pide todo. La prueba engendra actitudes de humildad hacia Dios, de obediencia a los confesores, de amor verdadero y misericordioso hacia los demás. Hay que soltar amarras, dejar el puerto seguro y navegar mar adentro.

El tipo de oración de estas moradas se expone en las *4 M* 1,6-9; es la oración meditativa que poco a poco se abre hacia el recogimiento para tener la capacidad de escuchar a Dios y entender su voluntad. A través de la oración, Dios educa en el amor.

4. La experiencia de la gracia ensancha el corazón

Estas moradas son un puente entre las tres primeras, en las cuales prevalece el esfuerzo del orante, y las tres últimas, en las que el orante experimenta que todo es don de Dios.

Después de la prueba, y como consecuencia de la acogida de las exigencias totalitarias de Dios, se abre un período de paso hacia la irrupción de la vida de Dios en el alma: la experiencia de Dios ensancha el corazón del orante, para que pueda seguir creciendo en el amor.

Teresa pone en guardia contra las falsas experiencias místicas, contra la tentación pseudomística de querer forzar la mano a Dios y entrar por sí mismos en la experiencia pasiva y mística. El don es siempre gratuito. Dios lo concede cuando quiere, como quiere y a quien quiere.

Tenemos dos lecciones fundamentales. Ante todo es imposible con las propias fuerzas y técnicas alcanzar la vida mística; podemos disponernos pero no forzar el ingreso en lo sobrenatural. Después, entender que no se da una verdadera conversión y una renovación interior si Dios, también con la más dura y calculada ascesis, no interviene con su gracia.

La temática de los tres capítulos de las cuartas moradas está algo desordenada. Teresa comienza a tratar las formas pasivas de la oración, el paso a la vida mística con una clara referencia a la experiencia psicológica, a las nuevas formas de oración infusa, a los frutos abundantes que vienen de la presencia de Dios. Es esencial el vocabulario («contentos-gustos», «natural-sobrenatural») y el símbolo de las dos fuentes (cf. *4M* 2,4-5). Los «contentos» nacen de nuestras obras virtuosas. Es la satisfacción del trabajo bien hecho. Los «gustos» son regalos de Dios, absolutamente gratuitos, que disponen al orante a amar más y mejor.

La oración entra en el terreno de la mística y santa Teresa explicará la oración de recogimiento infuso, la oración de quietud y el sueño de potencias. La persona comienza a experimentarse inmersa en Dios: dado que ha probado los *gustos* de Dios, los *contentos* del mundo no son nada. Descubre que la cosa no está en pensar, saber, conocer, leer muchos libros..., sino en amar mucho.

5. La transformación y la vida nueva

Las quintas moradas son un punto de llegada, después de la prueba de las terceras y el comienzo de experiencia mística de las cuartas, y un punto de arranque hacia la unión definitiva de las séptimas. Pero pueden ser también el punto de llegada a una auténtica vida cristiana, perfecta, como vida en Cristo. Corresponde a la experiencia teresiana de la novedad de vida: Teresa siente que la experiencia tan íntima entre el alma y Dios «la deja boba».

Para explicar la quinta morada, Teresa, quien recientemente ha conocido el proceso de la fabricación de la seda en Sevilla, se sirve de la metamorfosis asombrosa de un gusano feo y gordo, en una ligera y bella mariposa. El gusano tiene que morir a sí mismo para sufrir esta transformación radical: así el orante. El gusano debe tejer su capullo y encerrarse en él, sin saber cómo ni cuándo saldrá para volar. El orante debe tejer su capullo de oración y encerrarse, con la confianza en Dios, quien un día le permitirá volar hacia Él como una bella mariposa. El proceso de transformación inicia cuando «con la calor del Espíritu Santo se comienza a aprovechar del auxilio general que a todos nos da Dios» (*5 M* 2,3).

Este proceso de muerte implica renunciar al ego, al viejo yo, al egoísmo, a todo lo que rompe la vida en familia y en comunidad. Es disponerse para ser crucificado con Cristo, entregarle la voluntad, rendirse al mandamiento del amor. Aquí el orante aprende cuál es la voluntad de Dios en su vida, es decir, aprende a ser cauce de amor para todos los que le rodean, habiendo experimentado que la fuente del Amor pleno es Dios.

Teresa presenta estas mansiones con gran entusiasmo y alegría, como una auténtica experiencia de vida cristiana. Jesús se nos presenta como modelo para esta morada en los relatos de la Pasión, muy especialmente en el huerto de Getsemaní, donde renuncia por amor a nosotros a hacer su voluntad y la entrega al Padre. Como Jesús, sus seguidores serán muchas veces crucificados por amar a los más débiles, a los más necesitados... pero después de la crucifixión viene la muerte y la resurrección.

En esta morada Teresa presenta la gracia de la unión y los efectos de certeza y de transformación que el paso de Dios procura a la persona hasta configurarse con la voluntad de Dios y adquirir una gran madurez afectiva y una apertura apostólica universal que se expresa en el amor al prójimo con todas sus exigencias.

En la oración de unión, característica de esta morada, Dios llega a lo más profundo del alma. Las facultades de la persona quedan «bien dormidas» a las cosas del mundo. El orante se queda sin argumentos racionales para entender tal estado: «Es Dios el que lo hace, no lo queramos ser para entenderlo» (*5 M* 1,12).

6. Amar y dejarse amar

Las sextas mansiones son un pequeño tratado de vida mística. Pasamos del noviazgo en que el futuro esposo viene solo algunas veces «y de visitas», al nivel del desposorio en el cual la cercanía tiende a ser definitiva. Lo importante de esta morada es dejarse amar. No se ha consumado todavía la unión; pero el futuro esposo viene con frecuencia y transforma al orante en lo más íntimo de su ser. A veces la experiencia será tan fuerte, que la persona sentirá que sale de sí misma; la presencia de Dios va desatando los lazos del alma, hasta perder su autodominio, anegándose en el misterio del amor, que es lo que significa éxtasis. Otras veces, el alma no se ha limitado a salir de sí misma y perderse, sino que, mirándose a su interior, se siente tocada: encuentra las heridas de un misterio que la sobrepasa y arrebata. El alma está arrobada.

Santa Teresa intenta predisponer al lector para que acoja todo lo que Dios nos quiere regalar. En cada uno de los 11 capítulos explica diferentes maneras de amor. Dios, completamente enamorado de la persona, la llenará de regalos y muestras de cariño: despierta al alma (cf. *6M* 2); le habla (cf. *6M* 3); hace que salga de sí misma y la desborda conduciéndola al misterio (cf. *6M* 4).

El desposorio de Teresa tiene un rostro concreto: está expresado en la humanidad de Jesús. Cristo se mostrará por medio de presencias cada vez más patentes, de hablas, de visiones, algunas sencillas y otras grandiosas. Quien recibe estas muestras de amor no ha hecho nada para merecerlas, no debe engreírse, pues Dios lo ha puesto aquí para que aprenda a amar por medio de la experiencia de ser amado totalmente.

Con tanto amor, el orante sentirá una embriaguez que le llevará a anunciar a Dios sin importarle nada más, como la Samaritana o la Magdalena.

La última habitación de la que habla santa Teresa en las sextas moradas es la de la ausencia de Dios. Es una gracia difícil de entender, pues consiste en que Dios lleva al orante a ver todo el sufrimiento y el dolor del mundo, una visión del infierno. Es la noche oscura y el dolor de la ausencia del Amado. Además, Teresa no encuentra consuelo en nadie, pues no la entienden, ni tampoco en la oración o la lectura: «Si reza, es como si no rezase, para su consuelo, digo; que no se admite en lo interior» (*6 M* 1,13). El mejor remedio será «entender en obras de caridad y exteriores, y esperar en la misericordia de Dios, que nunca falla a los que en Él esperan» (*6M* 1,13).

En esta habitación, el orante aprenderá a tener compasión por todos los que sufren y así estará preparado para unirse totalmente a Jesús, el Salvador del mundo. Aquí el alma se desposa con Cristo, es decir, se hacen una promesa mutua de matrimonio.

Quizá sean estas moradas las que nos resulten más difíciles de entender, ya que abundan en experiencias personales de Teresa.

7. Matrimonio espiritual: obras, obras

Las séptimas moradas son la meta y final del largo camino del *Castillo interior,* la llegada a la plenitud de la vida mística cristiana. Son las moradas del matrimonio espiritual: «Yo en ti y tú en mí»; «Tus intereses, tus cosas son los míos y los míos son tuyos»; «Ya no vivo yo, es Cristo quien vive en mí». Este matrimonio espiritual sirve para que nazcan «obras, obras» (*7 M* 4,6).

Quien llega a las séptimas moradas, vive el culmen de las experiencias trinitarias y cristológicas. Es una eterna Pascua. Teresa tiene dificultad para explicarnos el regalo de Dios: poder experimentar el cielo en la tierra. Por eso pide que sea Dios quien «menee la pluma» (*7 M* 1,1).

La persona se dona totalmente a Cristo, se vuelve esclava de quien la compró con su sangre, para salvar a la Humanidad. La persona vive ahora en el centro del Castillo, en la luminosa y cálida presencia de Dios. Teresa habla de su experiencia, con seguridad y, sin embargo, con la convicción de que Dios puede hacer todavía cosas más grandes.

En el Epílogo de la obra, la autora desvela toda su alegría por haber podido acabar el trabajo y está radiante por su logro. Comenzó el libro con tanta incertidumbre: estaba convaleciente y con muchos trabajos (cf. *M* Prologo), pero al terminarlo le «ha dado mucho contento». Con este medio, invita a las monjas a entrar en esta aventura del *Castillo interior,* para recorrer los jardines, los laberintos, admirar las fuentes espléndidas de este palacio encantado del alma y de Dios. Confiesa su amor y su fidelidad a la Iglesia, y cierra con una doxología.

Temas para la reflexión y el diálogo

- En las primeras moradas, gracias a la oración —que es la puerta— se entra en el Castillo que tiene muchas habitaciones. En el centro del castillo, en el salón del trono, está el Rey, Dios nuestro Señor, que nos ama con misericordia y sin medida. De ahí sale una luz radiante y cálida que ilumina el castillo. Para entrar es eficaz la oración vocal. Un buen ejercicio es hablar a Dios de los otros.

  Examínate sobre la actitud básica de las primeras moradas: recogerse dentro, ir más allá de la cerca, abrir la puerta de la oración y entrar sin miedo. Considera los caminos por los que te llama Jesús y cómo experimentas la libertad. ¡Que nadie arrincone tu vida interior!

- No basta entrar en el castillo: hay que perseverar, luchar para evitar las distracciones, los pasatiempos, los negocios del mundo, la vanidad... Se requiere un gran esfuerzo personal. En las segundas moradas, Teresa nos ofrece la guía: las armas de la Cruz de Cristo (cf. *2 M* 2).

  Examínate sobre la actitud básica de las segundas moradas: la meditación del Evangelio para imitar la actitud de Jesús en la lucha y en las tentaciones.

- En las terceras moradas las pruebas de la vida nos ayudan a conocernos mejor, a quitarnos la armadura, el yelmo, la máscara, para dirigir nuestra mirada hacia el centro del castillo.

  Examínate sobre la actitud básica de las terceras moradas: ordenar la memoria, el entendimiento y la voluntad para introducirnos en el castillo y entrar en comunión de amor con Dios. Deja la «lógica racional» y aprende a confiar.

- Después de batallar y de querer controlarlo todo, en las cuartas mansiones Teresa nos invita a recogernos, a dejar lo exterior y adentrarnos en el castillo para conocer el «silbo del Pastor». Nace la intimidad. Lo que importa es amar mucho.

  Examínate sobre la actitud básica de las cuartas moradas: la disposición y la humildad para sentir a Dios; el amor como criterio para discernir la autenticidad de la relación con Dios y con el prójimo; los deseos de soledad y de silencio para descubrir Su presencia; callar a todo lo que no es Amor.

- En las quintas moradas entramos de lleno en ese espacio donde lo importante es dejarse querer. La relación con Dios se vuelve más íntima y difícil de expresar. Teresa emplea dos comparaciones: el *enamoramiento,* como proceso en que las personas se ven, se conocen y se gustan; y la *muerte,* como entrega del proprio ser a una vida nueva.

  Examínate sobre la actitud básica de las quintas moradas: Dios enamorado del alma «desea todo para sí». Dios quiere que el orante, para volar, le regale libremente su voluntad, su querer. Una manera de entregar la voluntad a Dios es convertirse en «esclavos del Amor».

- En las sextas moradas Dios se dedica a perfeccionar el amor del orante, amándolo con intensidad y llenándolo de regalos: hablas místicas (cf. 6 *M* 3), visión del cielo (cf. *6 M* 5), tomar como propios los méritos de la Pasión. El orante se entrega incondicionalmente a Dios, deseando la unión definitiva y plena.

  Examínate sobre la actitud básica de las sextas moradas: dejarse amar. Los amantes se sienten vulnerables, lo que permite la herida de amor (cf. 6 M *2) o el sufrimiento por la ausencia (cf.* 6 M *11).*

- En las séptimas moradas Teresa describe el punto de llegada: el matrimonio espiritual, los efectos de la vida sobrenatural y el equilibrio entre la vida mística y el apostolado eclesial.

  Examínate sobre la actitud básica de las séptimas moradas: traducir el amor de Dios en obras de amor hacia el prójimo.

Capítulo noveno

ACTUALIDAD DEL MENSAJE DE TERESA

Tres palabras clave iluminan la situación progresiva de la doctrina teresiana y su valor teológico, especialmente en nuestros días: apoteosis, crisis y despertar.

1. Apoteosis

La rápida difusión de las obras de santa Teresa, los elogios del primer editor fray Luis de León y los reconocimientos otorgados a la Santa con ocasión de su canonización en 1622, allanaron el camino para una marcha triunfal de los escritos teresianos en la Iglesia a partir de su muerte y de su glorificación. Pero todo ha sido menos fácil de lo que se cree. Apenas conocidas las obras teresianas, se enviaron pesadas acusaciones teológicas a la Santa Inquisición española pidiendo la condena de tales obras por las especiales singularidades en la doctrina mística.

Posteriormente su doctrina marcó profundamente la historia de la espiritualidad en España y en otros lugares (Italia, Francia): Escuela Francesa, Francisco de Sales, Alfonso Mª de Ligorio, etc.

Las obras de Teresa se movieron claramente, a partir del siglo XVII, en dos direcciones. Por una parte, en las nuevas escuelas de espiritualidad: Italia, Francia y Flandes. Por otra parte, a causa de la formación de una escuela mística carmelitano-teresiana, eminentes teólogos y comentadores se inspiraron constantemente en los libros de Teresa. Así la influencia fue decisiva en la terminología mística, en las descripciones fenoménicas, en la escala de las gracias místicas.

Se puede decir que, junto a Juan de la Cruz, Teresa de Jesús se presentó universalmente como una autoridad en la doctrina mística: punto de referencia para la evaluación de otras experiencias místicas en el campo de la santidad; a sus libros acudieron abundantemente los especialistas de la teología mística en la sistematización de esta ciencia, hasta determinar la misma naturaleza de la teología espiritual a partir, no solo de los principios, sino también de la experiencia misma, como Teresa había hecho en el *Castillo interior*.

En esta apoteosis teresiana que va desde el siglo XVII hasta las primeras décadas del siglo XX, deben señalarse, sin embargo, dos inconvenientes. Primero: prevaleció la atención barroca a las cosas extraordinarias, la extrapolación de los fenómenos místicos de su contexto de contenidos, la forma literaria hinchada con la que se presentó la doctrina de Teresa. Segundo: los grandes comentadores de la mística teresiana se encapricharon con una presentación sistemático-escolástica, pretendiendo hacer cuadrar perfectamente las descripciones teresianas con los razonamientos de la teología escolástica de santo Tomás y de sus discípulos.

Es el caso de decir, tomando en préstamo la frase de H. U. von Balthasar, que la leve mariposa tuvo que soportar una coraza de plomo. Las límpidas, directas e inmediatas descripciones teresianas sufrieron la deformación de un escolasticismo que en tiempos de pobreza bíblica, patrística y litúrgica, no apreció los valores sustanciales sacados a la luz por Teresa.

2. La crisis

Teresa de Jesús llega al siglo xx y comienzos del xxi con toda su autoridad en el campo de la mística, cuando hay fermentos valiosos en esta ciencia, se trabaja por una propuesta valedera de la teología ascética y mística; se plantea la reflexión sobre el problema místico con discusiones acaloradas.

Pero estamos ante el giro de una renovación mucho más drástica en el campo bíblico, litúrgico, teológico y patrístico. La vuelta a las fuentes parece desmantelar polémicamente toda la herencia de la Edad Media y especialmente el período postridentino con sus autores, las metodologías escolásticas, incluidos sus autores preferidos, las escuelas de espiritualidad que han marcado los siglos posteriores.

Las primeras críticas de A. Stolz sobre la teología de la mística, se convertirán enseguida en un lugar común: la mística teresiana es descriptiva, psicológica; carente de contenidos teológicos y de inspiración bíblica; queda lejos de las grandes líneas de la mística bíblica y de las fuentes de la liturgia. La voz autorizada de von Balthasar carga la dosis de críticas en la misma línea. Biblistas y liturgistas repiten las mismas críticas, casi con el morboso placer de quien quiere herir a un gigante. Una intervención poco afortunada de Jacques y Raïssa Maritain a propósito del tema «liturgia y contemplación» parece poner a Teresa de Jesús en la columna de los enemigos de la liturgia. Para la gran mayoría de los teólogos renovadores parece que su presencia en la espiritualidad y en la mística debe reconsiderarse mucho.

Por desgracia, en el campo teresiano no se dan respuestas eficaces. Los estudios sobre Teresa son todavía poco científicos. G. Etchegoyen había comenzado un nuevo método de análisis con su libro sobre las fuentes teresianas. Faltan estudios serios en la esfera de la teología. Hay en cambio una cierta abundancia de estudios literarios, psicológicos y doctrinales. La confrontación con las objeciones y la sensibilidad en la nueva época doctrinal de la Iglesia falta completamente entre los estudiosos de Santa Teresa, con alguna rara excepción.

3. El despertar

En 1962, un estudioso de Teresa, Tomás Álvarez marca el comienzo de una nueva época en el campo de los estudios teresianos. A Teresa de Jesús se la presenta como «mística», como contemplativa en la Iglesia, con una gracia específica y un mensaje propio, situado en su época, pero de perenne validez. Es testimonio de la vida sobrenatural, del misterio de Dios revelado en Cristo.

El estudioso teresiano presenta un amplio y documentado balance de los «contenidos de la experiencia mística teresiana». Por primera vez se pone el acento sobre los contenidos de la teología, sobre los misterios revelados que se han concedido a Teresa como objeto de contemplación y de experiencia. Será el primero de muchos otros trabajos que hasta nuestros días han buscado estudiar a fondo, monográficamente, estos grandes temas de la revelación cristiana, vividos por Teresa a nivel místico: Dios, Cristo, la Trinidad, la Iglesia, el hombre, el pecado, el primado de la Palabra de Dios en la experiencia mística teresiana, como confrontación de verdad, pero también como objeto de contemplación y de penetración mística.

El Concilio Vaticano II, entre otras cosas, defiende la función de la experiencia mística en el enriquecimiento y en la profundización del depósito de la fe (cf. *DV* 8). Con la valoración de los carismas en la Iglesia, se ponen también en alto los valores de los místicos que son testimonios carismáticos, para la Iglesia, de la vivencia cristiana. Recupera altura el tema de la experiencia espiritual y, por tanto, de la mística teresiana.

Tres hechos eclesiales de los últimos años han abierto camino a una recuperación plena de los valores místicos de Teresa. En 1970 —en uno de los momentos más bajos de la estima teológica teresiana, en plena manifestación postconciliar—, Teresa de Ávila es proclamada Doctora de la Iglesia y reafirmada su autoridad en materia mística. Los estudios teológicos que prepararon la declaración de Pablo VI supieron captar en lo más vivo la dimensión teológica de la experiencia teresiana. En 1982 se celebra el IV Centenario de la muerte de la Santa. El clima eclesial es diferente: es tiempo de escucha de los testigos. En 2015 se celebra el V Centenario del nacimiento de la Santa. La voz de Teresa se escuchará de nuevo cumplidamente.

Mientras tanto se han desarrollado en la Iglesia tendencias más favorables al dato de la experiencia espiritual. Se está en la búsqueda de una teología vital, narrativa, de la experiencia; se habla de la narración del encuentro entre Dios y el hombre; se busca una teología simbólica que abra canales a las excesivas conceptualizaciones. Un nuevo interés religioso alza las valoraciones teológicas de la mística en el nivel comparativo en las diferentes religiones y en el campo específico del misticismo cristiano. En este contexto, la recuperación de la mística teresiana es evidente.

4. Rasgos esenciales del mensaje de Teresa

En síntesis, podemos bosquejar algunos elementos esenciales del mensaje espiritual de Teresa para el hombre contemporáneo.

Interioridad. Atención a los valores interiores de la persona: vida espiritual, oración, profundo sentido «agustiniano» de la vida y de la experiencia. La capacidad de la persona de conversar con Dios, la afirmación de la realidad de la gracia como comunión personal y transformante, la oración como síntesis de la vida cristiana. Conocerse a sí mismos y conocer a Dios como movimiento esencial de la llamada «actitud socrática» teresiana. Para Teresa, el orante tiene, ante todo, que educarse en el autoconocimiento, hasta habituarse a estar en contacto con su interioridad.

Humanismo cristiano. Sensibilidad para todos los valores de la persona humana, del humanismo cristiano, de las realidades de la creación, de las virtudes humanas, evangélicas y sociales; valor teologal de la persona humana, imagen y semejanza de Dios; apología y valor de la amistad, de la comunión espiritual; orientación de la vida de la oración y de la experiencia mística hacia el servicio apostólico.

Misticismo. Teresa es testimonio del misterio, de los misterios. Testimonio de la irrupción sobrenatural de Dios en la persona con la gracia y con las gracias. Todos sus libros están llenos de experiencias místicas. Presenta en sus obras la plenitud de la vida en Cristo. Ilustra el enlace con los grandes misterios. Mística no opuesta a la acción, no en contradicción con la ascesis; de hecho, el horizonte teresiano no es puramente ascético; la ascesis es antes de todo coherencia ética y teologal que exige virtudes sólidas, pero en definitiva disponibilidad para que Dios pueda actuar en la persona. Mística no de mensajes sobrenaturales, sino del mensaje cristiano.

La fenomenología mística testimoniada no es fin en sí misma: lo es en función de la certificación de la verdad experimentada y de la vida o de la santidad que transforma y hace dinámica la existencia. Es mística, también en la fuerza convincente de la experiencia fenomenológica para poder dar testimonio de lo que se ha percibido y contemplado.

Unidad entre experiencia y doctrina. Su fuente primaria es la experiencia cristiana, que trata de expresar en doctrina. Teresa no nos ofrece una teología deductiva sino un testimonio inductivo. Es original y personal en su exposición, en sus recursos. Comunica la experiencia vivida para hacer entrar a los otros, con adecuada pedagogía, en la misma experiencia de Dios que ella ha vivido.

Temas para la reflexión y el diálogo

- El padre Silverio, OCD, califica a Teresa como la «Santa de la Raza», un título que es casi irreverente con el sentido universalista de sus escritos.

  ¿Cómo calificas tú a santa Teresa?

- El interés de Teresa en escribir sus obras es alargar el círculo de los amigos de Dios porque la «caridad crece cuando es comunicada» (*V* 7,22) y «porque el amor cuando es crecido, no puede estar sin obrar».

  ¿Sientes a Teresa más cercana, después de haber leído esta introducción a sus obras? ¿Por qué?

- Las enseñanzas de Teresa no han perdido brillo con el paso de los siglos debido, sobre todo, a su autenticidad. Sus *Obras* siguen siendo hoy punto de referencia no solo para la teología de la vida religiosa y contemplativa sino también para la literatura universal.

  ¿Qué enseñanzas actuales encuentras en la vida y en los escritos de Teresa?

- La intención de Teresa al comunicar sus experiencias es ayudar a sus hermanas a ser contemplativas de verdad: «Ser tales». Sin vida interior no es posible tener relaciones de calidad contigo mismo ni con los demás.

  Después de haber leído alguna obra de Teresa, ¿cómo entiendes que puedes ser contemplativo hoy?

- Teresa es mujer que sabe mirar y escuchar el tiempo que le ha tocado vivir: «No son tiempos de desechar ánimos varoniles (por fuertes y arriesgados) aunque sean de mujeres».

  ¿Qué diría hoy Teresa de nuestros tiempos?

- Uno de los mensajes de Teresa es la unificación entre contemplación y misión: el amor es la cumbre de toda contemplación (cf. *F* 5,2).

  ¿Qué puede decir Teresa hoy a intelectuales no católicos, a pensadores orientales, a artistas y filósofos, a científicos y políticos en el diálogo entre la fe y la cultura?

APÉNDICE

CRONOLOGÍA DE TERESA DE JESÚS			
Año	**La literatura espiritual**	**Hechos históricos**	**Vida de santa Teresa**
1515			Nacimiento de Teresa de Ahumada.
1522	San Ignacio de Loyola compone en Manresa el núcleo fundamental de los *Ejercicios espirituales*.	Se sofoca el levantamiento (1520) de las Comunidades y Germanías.	
1523			Posible fecha de la *fuga* con su hermano Rodrigo.
1527	Francisco de Osuna, *Tercera parte del libro llamado Abecedario Espiritual*.	Saco de Roma por las tropas imperiales de Carlos V.	
1528	Juan de Cazalla, *Lumbre del alma*. Francisco de Osuna, *Primera parte del Abecedario Espiritual*.		Muerte de su madre Beatriz de Ahumada.

1529	Juan de Valdés, *Diálogo de la doctrina cristiana*.		
1530	Francisco de Osuna, *Cuarta parte del Abecedario Espiritual*. Francisco de Osuna, *Segunda parte del Abecedario Espiritual*.		Parte hacia las Indias su hermano Hernando, huyendo de las penurias económicas que se cernían sobre la familia por los gastos excesivos.
1531			Teresa ingresa en el convento agustino de Santa María de Gracia de Ávila.
1532			Enferma y abandona el convento.
1534	Alonso de Orozco, *Tratado de la Pasión*.	San Ignacio de Loyola funda la Compañía de Jesús.	
1535	Domingo de Valtanás, *Meditación de la Pasión*. Bernardino de Laredo, *Subida del Monte Sión*.		El 2 de noviembre, a la edad de 20 años, Teresa huye de su casa y entra en el carmelo de la Encarnación de Ávila.
1536			El 31 de octubre su padre entrega la dote para que tome el hábito.

1537	Alejo Venegas, *Agonía y tránsito de la muerte.* Juan Luis Vives, *Comentarios para el despertamiento del ánimo* (Amberes).		Profesa el 3 de noviembre.
1538			Vuelve a enfermar de gravedad. Pasa el invierno en Hortigosa (donde lee el *Tercer Abecedario*, de Osuna) y Castellanos de la Cañada.
1539	Antonio de Guevara, *Obras varias*		De abril a agosto, en Becedas, con una curandera. 14-15 de agosto: paroxismo, cercana a la muerte.
1540	El papa Paulo III aprueba la Compañía de Jesús		Enferma en la Encarnación.
1542	Francisco de Osuna, *Quinta parte del Abecedario Espiritual.* Alonso de Orozco, *Regla de vida contemplativa y ejercicio espiritual*.		Dice sentirse curada por la intercesión de san José.

1543	Constantino Ponce de la Fuente, *Suma de doctrina cristiana.*		Muerte del padre de Teresa, Alonso Sánchez de Cepeda.
1544			Acude a la dirección espiritual del P. V. Barrón, O.P.
1545			Lucha por reencauzar su vida espiritual, sin lograrlo.
1546	Erasmo, *Tratado de la oración y forma que todo cristiano debe seguir* (Sevilla). San Francisco de Borja, *Seis tratados muy devotos y útiles para cualquier fiel cristiano.*	Muere Lutero.	
1548	San Ignacio de Loyola, *Ejercicios espirituales* (aprobados ese año por Paulo III). Gabriel de Toro, *Teología mística, unión del alma con Dios* (catalán).		

1554	Fray Luis de Granada, *Libro de la oración y meditación.* Francisco de Osuna, *Sexta parte del Abecedario Espiritual.*	Ejecución de Miguel Servet.	Cuaresma-conversión ante un Cristo muy llagado. Busca dirección espiritual con el P. Cetina, S.J.
1555	Domingo de Soto, *Tratado del amor de Dios.* Fray Luis de Granada, *Guía de pecadores*.	Abdicación de Carlos V en su hijo Felipe II.	Dirección espiritual del P. Juan de Prádanos, S.J. Primer arrobamiento.
1556	San Juan de Ávila, Audi, Filia. *Avisos y reglas cristianas sobre aquel verso de David.* San Pedro de Alcántara, *Tratado de la oración*.	Reinado de Felipe II (1556-1598).	¿Primera visión de Cristo el día de S. Pedro?
1557			Traba amistad con san Francisco de Borja, que pasa por Ávila.
1558	Bartolomé de Carranza, *Comentarios al catecismo cristiano.*		Dirección espiritual del P. Baltasar Álvarez.

1559	Melchor Cano y D. Cuevas, *Censura sobre el «Catecismo de Carranza»*.	Prisión del arzobispo Carranza. Autos de Fe de Valladolid y Sevilla. *Índice de libros prohibidos.*	Tiene la primera «visión intelectual» de Cristo; luego tendrá «visiones imaginarias». Resistencia a las gracias místicas. Publicación índice *Libros Prohibidos.*
1560			En julio tiene lugar, por primera vez, la experiencia de la transverberación. Por estos años escribe la primera *Cuenta de conciencia*.
1562	Diego de Estella, *Libro de la vanidad del mundo*.	Fin de los trabajos del Concilio de Trento (1545-1562).	Fundación del primer Carmelo reformado: San José de Ávila. Teresa tiene 47 años.
1563			Priora de San José, escribe las *Constituciones*. Fray Juan de Santo Matía viste al hábito carmelita en Medina.
1566			Entre 1565-1566: Composición del manuscrito *Camino de perfección*. Escribe las *Meditaciones sobre el «Cantar de los Cantares»*.

1567			Fundación del carmelo de Medina del Campo. Se encuentra con Juan de la Cruz. Rubeo la autoriza a fundar otros conventos de monjas y frailes (excepto en Andalucía).
1568			S. Juan de la Cruz inaugura el monasterio de Duruelo. Ella funda el «palomarcito» de Malagón y el de Valladolid.
1569			Fundación de los carmelos de Toledo y de Pastrana. Escribe las *Exclamaciones*.
1570			Fundación del carmelo de Salamanca y en Alcalá, el colegio de los Descalzos.
1571	El 7 de octubre tuvo lugar la batalla de Lepanto.		Fundación del carmelo de Alba de Tormes. Priora en la Encarnación.
1572	Santo Tomás de Villanueva, *Sermones*.		Matrimonio espiritual. Escribe el *Desafío espiritual*.

1573			Aprueba una copia del *Camino de perfección*. Por orden del padre jesuita Ripalda, empieza a escribir las *Fundaciones.*
1574			Fundación del carmelo de Segovia. Escribe la segunda redacción de las *Meditaciones sobre el «Cantar de los Cantares».*
1575	Benito Arias Montano, *Dictatum Christianum*.		Fundación de los carmelos de Sevilla y Beas. El padre Báñez aprueba las *Meditaciones sobre el «Cantar de los Cantares»* y el libro de la Vida. Delatada a la Inquisición.
1576	Diego de Estella, *Meditaciones devotísimas del amor de Dios*.		Fundación del carmelo de Caravaca. En agosto escribe *Visita de descalzas*. Se deja retratar en Sevilla.

1577			Agotamiento. El médico le prohíbe escribir de su mano. Luego se rompe el brazo izquierdo. Prisión de Juan de la Cruz. Escribe el *Vejamen*. El padre Gracián le ordena que escriba las *Moradas*, que comenzará el 3 de junio, día de la Santísima Trinidad, y acabará el 29 de noviembre. Teresa tenía 62 años.
1579			El 6 de junio escribe sus *Cuatro avisos* para los frailes descalzos.
1580			Fundación de los carmelos de Villanueva de la Jara y de Palencia. El 22 de junio de 1580 se consigue la ansiada separación de los Descalzos en Provincia independiente mediante un breve papal.
1581			Fundación del carmelo de Soria.

1582			Fundación de Granada, por Ana de Jesús. Funda en Burgos. Llega a Alba de Tormes, muy enferma y muere el 4 de octubre. El día siguiente, por la reforma gregoriana del calendario, fue el 15 de octubre, día de su fiesta litúrgica.
1583	Fray Luis de Granada, *Introducción al símbolo de la fe*. Pedro de Ribadeneyra, *Vida del Padre Ignacio de Loyola*. Santa Teresa de Jesús, *Camino de perfección* (Évora). Fray Luis de León, *Los nombres de Cristo*.	*Índice* de Quiroga.	Publicación, en Évora, del *Camino de perfección*.
1588	Pedro Malón de Chaide, *La conversión de la Magdalena*. *Los libros de la Madre Teresa de Jesús*, ed. preparada	Derrota de la «Armada Invencible».	Fray Luis de León publica, en Salamanca, la primera, aunque incompleta, edición príncipe de las *Obras* de santa Teresa.

	por fray Luis de León (Salamanca). Juan de Pineda, *Monarquía eclesiástica*. San Juan de Ávila, *Obras*.		
1591			Muerte de san Juan de la Cruz, pero sus obras no fueron publicadas hasta 1618.
1614			Santa Teresa es beatificada.
1622			Santa Teresa es canonizada.
1626			Las Cortes de Madrid proclaman a Teresa copatrona de España, en plano de igualdad con el apóstol Santiago.
1965			Pablo VI la declara Patrona de los escritores españoles.
1970			Pablo VI proclama a Teresa Doctora de la Iglesia.
1982			IV Centenario de la muerte de la Santa.
2015			V Centenario del nacimiento de santa Teresa.

ÁLVAREZ, Tomás y DOMINGO, Fernando, *Por los caminos de Teresa. La aventura fundacional de una santa inquieta y andariega*, Burgos, Monte Carmelo, 2011.

BARRENA SÁNCHEZ, Jesús. *Teresa de Jesús. En el umbral del siglo XXI*, Madrid, San Pablo, 2009.

CASTRO, Secundino, *Ser cristiano según santa Teresa,* Madrid, EDE, 1981.

—, *El fulgor de la Palabra. Nueva comprensión de Teresa de Jesús,* Madrid, EDE, 2012.

DE PABLO MAROTO, Daniel, *Teresa en oración,* Madrid, EDE, 2004.

—, *Teresa de Jesús: Mujer, fundadora y escritora. Biografía*, Madrid, EDE, 2012.

DIEGO SÁNCHEZ, Manuel, *Santa Teresa de Jesús. Bibliografía sistemática,* Madrid, EDE, 2008.

—, *Castillo de cristal: escuchar y acompañar a Teresa de Jesús,* Madrid, EDE, 2013.

EFRÉN DE LA MADRE DE DIOS y Otto STEGINK, *Tiempo y vida de santa Teresa,* Madrid, BAC, ³1996.

HERRÁIZ, Maximiliano, *La oración, historia de amistad*, Madrid, EDE, 1981.

MAS ARRONDO, Antonio, *Acercar el cielo*, Santander, Sal Terrae, 2004.

MOLINS, Mª Victoria, *Si Teresa de Jesús volviera hoy. Ecología y vivienda aplicadas a la simbología teresiana de la oración,* Burgos, Monte Carmelo, 2013.

MORALES CUETO, Claudia y CASTRO YURRITA, Enrique, «*Vida que transforma vidas*». *Guía completa e ilustrada para el itinerario espiritual a partir del libro de la «Vida» de santa Teresa de Jesús,* México, Editorial Santa Teresa, 2010.

—, *«El amor nos hará apresurar los pasos». Guía completa e ilustrada para la oración y la vida en relación, a partir de «Camino de perfección» de santa Teresa de Jesús,* México, Editorial Santa Teresa, 2011.

—, *«De bien en mejor». Virtudes teresianas y vida positiva en el libro de las «Fundaciones» de santa Teresa de Jesús*, México, Editorial Santa Teresa, 2012.

—, *«Entra como puedas...» a las* Moradas *del* Castillo interior *de santa Teresa de Jesús,* México, Editorial Santa Teresa, 2013.

ORDEN DE CARMELITAS DESCALZOS (PROVINCIA DE CENTROAMÉRICA), *Concordancias*, en <http://www.ocdcentroamerica.org/index.php/mformacion/concordancias>.

ROS, Carlos, *Teresa de Jesús, esa mujer*, Madrid, San Pablo, 2011.

FILMOGRAFÍA

Teresa de Jesús, 1961, Director: Juan de Orduña; Duración: 131 min.; Guión: Jose María Pemán, Antonio Vich y Manuel Mur Oti; Música: Manuel Parada; Fotografía: César Benítez; Reparto: Aurora Bautista, José Bódalo, José María Caffarel…; Productora: Agrupa Films.

Teresa de Jesús (TV Series), 1984, Directora: Josefina Molina; Duración: 449 min.; Guión: Carmen Martín Gaite, Víctor García de la Concha y Josefina Molina; Música: José Nieto y Alejandro Massó; Fotografía: Francisco Fraile; Reparto: Concha Velasco, Francisco Rabal, Héctor Alterio…; Productora: RTVE.

Teresa: el cuerpo de Cristo, 2007, Director: Ray Loriga; Duración: 97 min.; Guión: Ray Loriga; Música: Ángel Illarramendi; Fotografía: José Luis Alcaine; Montaje: Pablo Blanco; Reparto: Paz Vega, Leonor Watling, Geraldine Chaplin...; Productor: Andrés Vicente Gómez.

ÍNDICE

Capítulo sexto

LA ORACIÓN:
HISTORIA DE AMISTAD CON DIOS 99

Capítulo séptimo

PEDAGOGÍA DE LA ORACIÓN 117